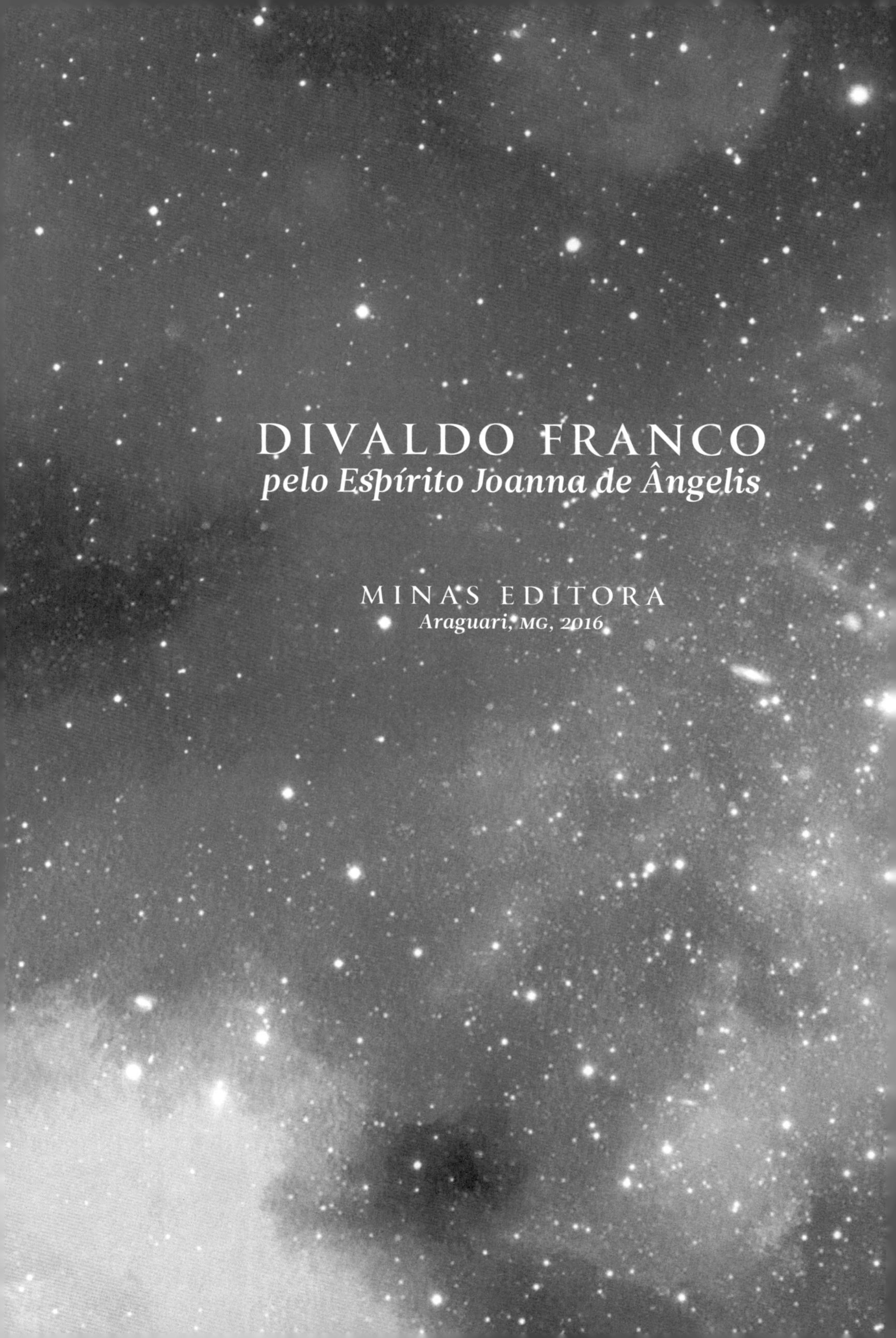

DIVALDO FRANCO

pelo Espírito Joanna de Ângelis

MINAS EDITORA
Araguari, MG, 2016

FONTE DE LUZ

S

SUMÁRIO

P

O *EVANGELHO* DE JESUS É UM EXCELENTE TRATADO DE PSICOterapia que, utilizado com o indispensável critério, consegue oferecer saúde integral ao ser humano.

Todos os seus ensinamentos e postulados são exarados em seguro conhecimento da natureza e das necessidades que dizem respeito às criaturas.

Quando mais penetrado e repensado, sua aplicação no dia a dia constitui recurso valioso que se transforma em terapia preventiva para muitos males, assim como curadora para as dores e aflições, quando já instaladas.

Na sucessão dos tempos, os conteúdos evangélicos sempre desfrutaram de incomum atualidade, revigorando as estruturas morais de todos aqueles que se permitiram sensibilizar pelas suas lúcidas informações.

Não poucas vezes, foram adulterados alguns dos seus conceitos, enquanto outros estiveram adaptados a interesses subalternos, e, não obstante, esplendem de luz mirífica inúmeras

PSICOTERAPIA conjunto das técnicas que visam ao tratamento das moléstias mentais por persuasão, sugestão, psicanálise, atividades lúdicas ou de trabalho

EXARAR gravar, mencionar, escrever

LÚCIDO preciso, coerente; racional

SUBALTERNO que está sujeito ou sob as ordens de outro; subordinado

ESPLENDER resplandecer, brilhar intensamente, rutilar

MIRÍFICO admirável, maravilhoso, portentoso, magnífico, perfeito

FONTE DE LUZ

páginas que constituem paradigmas para a felicidade de todo aquele que reflexione no ensinamento de que se revestem.

Graças à incomparável contribuição do espiritismo, desvelam-se muitos dos ensinamentos que pareciam enigmáticos, porque lhes faltavam as chaves hábeis para a interpretação, qual a comunicabilidade dos Espíritos, demonstrando o resultado da conduta mantida enquanto na trajetória física.

Ao mesmo tempo, as claras teses da reencarnação, mediante as leis de causa e efeito, abriram perspectivas otimistas e felizes para a perfeita interpretação dos textos mais complexos e aparentemente obscuros.

Em face da valiosa lógica fundamentada na razão de que o pensamento espírita se reveste, toda a Boa Nova se enriquece de claridades diamantinas que espancam as sombras da ignorância nas mentes e nos corações angustiados.

A velocidade das conquistas da ciência e da tecnologia parecia conspirar contra a dúlcida placidez e tranquilidade dos tempos apostólicos, que não poderiam ser vivenciados nos dias

PARADIGMA
modelo, padrão

DESVELAR
tirar o véu a; descobrir, aclarar, revelar

ENIGMÁTICO
incompreensível, misterioso, obscuro

DIAMANTINO
brilhante, intenso como a luz que se reflete no diamante

ESPANCAR
[afastar, superar]

DÚLCIDO
doce; brando

PLACIDEZ
serenidade

PARADIGMA
modelo, padrão

DESVELAR
tirar o véu a; descobrir, aclarar, revelar

ENIGMÁTICO
incompreensível, misterioso, obscuro

HODIERNO
relativo ao dia de hoje; moderno; de agora mesmo; de nosso tempo

CICLÓPICO
enorme, gigantesco; pesado, rude; relativo aos ciclopes (da mitologia: indivíduos de uma raça de gigantes com um só olho no meio da testa)

FRAGOR
estrondo

DESAIRE
desajuste, deselegância, inconveniência, gafe, fiasco

INEXAURÍVEL
inesgotável, que não se acaba

ESBATER
atenuar, diminuir

ESTERTORAR
ficar com a respiração difícil; agonizar

AGÔNICO
agonia, relativo à morte lenta

HIPERTROFRIA
desenvolvimento excessivo

DULCIFICAR
abrandar, tornar dócil (brando, manso)

hodiernos caracterizados pela marcha ciclópica do desespero. Entretanto, graças às lúcidas informações dos Espíritos imortais, o compromisso com a existência faculta a vivência harmônica e pacificada embora o fragor dos acontecimentos.

Ante as incomparáveis lições do *Evangelho* interpretado pela revelação espírita, todos os desafios encontram instrumentos para serem atendidos com segurança, e todas as perturbações, ciladas e desaires do cotidiano deixam de carregar o caráter punitivo para se transformarem em experiências e enriquecimento de valores morais com vistas ao futuro libertador.

Assim sendo, torna-se uma fonte de inexaurível luz a jorrar incessantemente, esbatendo as trevas e norteando os destinos.

•

O ser humano destes dias estertora, agônico, nas algemas do egoísmo e da alucinação.

Empanturrado de conhecimento intelectual, sofre a hipertrofia dos sentimentos éticos e emocionais, afligindo-se quando pensava que o triunfo da conquista das estrelas lhe dulcificasse o coração.

A ambição que desenvolveu o colossal patrimônio econômico não logrou diminuir a fome, as doenças, a agressividade, a miséria de vários matizes, que são filhas espúrias da soberba e da ignorância.

Nesse contexto de glórias e quedas, de triunfos e perdas, só Jesus pode oferecer o melhor recurso de felicidade, que flui da Sua palavra, em fonte de imarcescível luz.

•

Selecionamos trinta e cinco temas, que nos interessam a todos, e os enfocamos sob a óptica do *Evangelho* interpretado pelo espiritismo, de forma a oferecer enfoques otimistas e solucionadores dos problemas que afetam a expressiva maioria dos deambulantes no carro celular...

Confiamos que irão contribuir favoravelmente quando algum leitor gentil se encontrar sob os camartelos da incerteza, da indecisão, do sofrimento, e os consultar com interesse, facultando-lhe recuperar a segurança, o equilíbrio e a paz para prosseguir.

Que essa fonte de luz, aljofrando bênçãos desde há quase dois mil anos, possa dessedentar todos aqueles que, em se lhe aproximando, sorvam a linfa preciosa que os clarificará por dentro, apontando-lhes o rumo para a plenitude pelos caminhos do amor e do serviço ao próximo.

Salvador, 11 de agosto de 1999

JOANNA DE ÂNGELIS

LOGRAR
desfrutar, conseguir, alcançar

MATIZ
cor [modelo, feição]

ESPÚRIO
bastardo, não genuíno; simulado, falso

SOBERBA
altivez, arrogância, sobrançaria, orgulho, presunção

IMARCESCÍVEL
que não diminui nem se corrompe

DEAMBULANTE
o que perambula, passeia, vagueia a pé; caminhante, pedestre

CAMARTELO
[ação, tensão, pressão, força] grande martelo com gume ou ponta em uma das extremidades, usado para desbastar pedras – picareta

ALJOFRAR
orvalhar, salpicar

DESSEDENTAR
matar a sede

LINFA
líquido precioso, água

I

JESUS E FAMÍLIA

EM FACE DO ESTRIDOR DOS CAMARTELOS DA LOUCURA QUE grassa em toda a parte, a família sofre-lhe as inevitáveis consequências, desestruturando-se e experimentando os choques violentos que a combalem.

Irrompem, em tropel ensurdecedor, os desatinos que tentam cidadania através da vulgaridade e da permissividade que atingem índices quase insuportáveis.

O desvario domina os mais diferentes grupos sociais, predominando em quase todos, em bem urdida conspiração contra os valores ético-morais que devem vicejar como pilotis de segurança do equilíbrio humano.

Em uma sociedade na qual vigem o desrespeito pela dignidade, a agressão ao pudor, o campeonato da promiscuidade, que medem os indivíduos e os exaltam pelas suas defecções e corrupção, em desenfreada sede de prazer vulgar, o sentido da vida e o seu valor psicológico experimentam grave perigo de anarquia.

A exaltação do sórdido e do grotesco em espetáculos de horror, aplaudidos pela massa desorientada, representa a mais expressiva manifestação de decadência, a um passo da desorganização geral.

Os seres humanos são medidos pelas suas conquistas morais e culturais, intelectuais e de sentimento religioso, pelas lutas empreendidas em favor dos demais, pelos sacrifícios que elevam e se tornam estímulos de vida, e nunca pelas suas formas de degradação e desrespeito a todas as conquistas já realizadas, em terrível apelo para o retorno ao primarismo e ao hedonismo extravagante, em apresentações cada vez mais indignas.

ESTRIDOR
som agudo e áspero; silvo [ranger de dentes]

CAMARTELO
(martelo de demolição) referência ao poder aflitivo da loucura e suas consequências

GRASSAR
alastrar, espalhar

COMBALIR
tornar fraco, enfraquecer

IRROMPER
entrar arrebatadamente, com ímpeto, com violência

TROPEL
desordem, balbúrdia, confusão, tumulto

DESVARIO
erro, loucura

URDIR
tramar, enredar, maquinar, preparar

VICEJAR
que tem viço, exuberância (sentido de nascer no homem)

PILOTI
coluna que sustenta uma edificação, deixando livre o pavimento térreo

VIGER
vigorar

DEFECÇÃO
deserção, ato de desertar

SÓRDIDO
imundo, grotesco, nojento

PRIMARISMO
relativo ao primitivo, básico, nascente

Os passos gigantescos que já foram lograds pela civilização não podem ser esquecidos, empurrando os cidadãos pelas ribanceiras do sexo alucinado, das drogas consumptivas, dos vícios desordenados.

Inegavelmente, a sociedade hodierna experimenta grande desafio, que a convoca a decidir entre o esdrúxulo, o ignóbil, o correto e o nobre, num momento de graves apelos à reflexão.

O fantasma das enfermidades dizimadoras ronda; a fauce hiante da guerra abre-se temerária; os sofrimentos campeiam desordenados; no entanto, os indivíduos anestesiam-se nas paixões mais vis, procurando fugir da realidade que os ergueria à paz, transferindo para oportunidade menos feliz o seu momento de despertar...

Jesus, nesse báratro, torna-se motivo de atração circense nas propostas de televisão e de rádio, como se, havendo fracassado na forma superior de apresentar-se aos discípulos descuidados, necessitasse dos apêndices da sordidez do momento, para atrair os desassisados ao Seu coração.

O aturdimento que resulta do fracasso das religiões ortodoxas que não se preocuparam em iluminar a criatura, mais interessadas nos empenhos materiais do que no ser humano, apresenta esse saldo lamentável que se expande em formas ainda mais estranhas de gerar prosélitos, ora sob ameaças punitivas, momentos outros sob alternativas de poder e glória terrestre...

•

HEDONISMO
doutrina ética, ensinada por antigos epicureus e cirenaicos e por modernos utilitaristas, que afirma constituir o prazer, só ou principalmente, a felicidade da vida

LOGRAR
conseguir, conquistar, alcançar

RIBANCEIRA
barranco, precipício

CONSUMPTIVO
destrutivo

HODIERNO
atual

IGNÓBIL
vil, desprezível

FAUCE
goela [de animal], garganta

HIANTE
muito aberto, escancarado (falando das fendas e abismos)

BÁRATRO
abismo, cova profunda, voragem

SORDIDEZ
relativo ao sórdido (imundo, grotesco, nojento)

DESASSISADO
desatinado, desvairado, louco

ORTODOXO
rigoroso, inflexível, intolerante

PROSÉLITO
indivíduo que aderiu a uma doutrina, ideia ou sistema; partidário, sectário

Faz-se urgente o retorno de Jesus à família.

Somente a Sua presença no lar pode oferecer segurança e equilíbrio para todos quantos se encontram à mercê dos instrumentos de comunicação, preocupados com o consumidor e desinteressados totalmente da criatura.

À MERCÊ DE ao capricho de, ao arbítrio de (à disposição)

Humanizar esses veículos, estabelecer programas de educação, de valorização humana, em vez da exaltação das aberrações, é dever de todos aqueles que já travaram contato com o *Evangelho*.

Iniciando-se na intimidade da família, pelo menos uma vez por semana, em encontro fraternal com todos os seus membros, no qual sejam debatidos os problemas existentes e apresentadas as soluções que já estão delineadas na lei de amor, a reunião terá por finalidade essencial construir a paz no íntimo de cada um, para que se volte a experimentar a alegria pelas coisas simples e edificantes, sem as convulsões e os apelos dos instintos primitivos.

A análise da palavra de Jesus em reunião familiar, em vez de se manifestar como uma questão religiosa, repetitiva e automática, deve ser rica de encantamento, de fraternidade, em debate franco, filosófico e de renovação social, de maneira que expresse um cometimento para desenvolver o pensamento, a capacidade de entender a vida e a permuta de ideias.

COMETIMENTO empreendimento, aventura

Quando Jesus se adentra no lar, a família se reconstrói e os seus membros descobrem os objetivos da consanguinidade, estabelecendo metas de dignificação, que são alcançadas a pouco e pouco.

CONSANGUINIDADE relativo à hereditariedade física, família

Ante a meridiana luz dos ensinamentos de Jesus, o corpo é veículo que deve ser dignificado pelo que representa para o Espírito no seu processo de evolução. Em vez de objeto de mercado insensato do sexo transtornado e das vilezas morais, é um patrimônio que deve ser preservado com elevação, em face da sublime tarefa que lhe diz respeito no processo da iluminação de consciência.

MERIDIANO
pertencente ou relativo ao meridiano; que se refere ao meio-dia [mais forte]

VILEZA
baixeza, infâmia

Ninguém foge de si mesmo. As espetaculares buscas do grosseiro de forma alguma anulam a presença de Deus na consciência que, adormecida temporariamente, despertará em momento próprio gerando aflições sem nome.

Desse modo, torna-se urgente a necessidade de introduzir Jesus como membro da família, participando da convivência doméstica e tornando-se um ser sempre presente em todos os momentos.

De princípio, uma vez por semana a Sua sábia convivência mimetizará a todos, dulcificando os sentimentos e trabalhando-os, de forma que a paz e a plenitude se farão naturais no íntimo de todos.

MIMETIZAR
contagiar, impregnar

DULCIFICAR
abrandar, tornar dócil (brando, manso)

•

Não postergues o encontro de tua família com Jesus.

POSTERGAR
deixar para trás, atrasar, adiar

Faze-o quanto antes, porque mais tarde provavelmente será tarde demais.

De começo, apresenta-O àqueles a quem amas, de forma sutil, agradável, convidando-os à reflexão, e lentamente deixa-O tomar conta dos corações, verificando que somente através da Sua proposta a vida no lar pode tornar-se realmente feliz.

Nunca te arrependerás por trazê-lO ao convívio familiar. O oposto, porém, será diferente, e quando o lamentares, somente padecerás desnecessários remorsos.

Jesus é Vida, e Vida em abundância!

Tua família é tua vida, sem dúvida. Por isso mesmo, aproxima-a de Jesus e faculta-lhe haurir a Sua sabedoria e a Sua paz.

•••

Jesus é Vida, e Vida em abundância! Tua família é tua vida, sem dúvida. Por isso mesmo, aproxima-a de Jesus e faculta-lhe haurir a Sua sabedoria e a Sua paz.

2

DESCONFIANÇA E SUSPEITA

HARMONIZA-TE COM A CONSCIÊNCIA DO DEVER CUMPRIDO, preservando a tua fé irrestrita em Deus, a fim de que a tranquilidade te homenageie os esforços.

Quando alguém se desincumbe seriamente do compromisso que lhe cabe atender, prossegue integérrimo, sem aflição ou receio.

INTEGÉRRIMO
muito íntegro, muito reto, incorruptível

A desconfiança é decorrência da insegurança pessoal, responsável por inúmeros danos que se estabelecem nos mecanismos psicológicos da criatura humana.

Essa insegurança pessoal faculta distorção da realidade, que passa a ser observada de maneira equívoca, abrindo brechas morais para a suspeita infundada, a desconfiança perturbadora.

Em todo o agrupamento social, a diversidade de opiniões, os registros de simpatia como de antipatia, as afinidades ou reações contrárias são fenômenos naturais que se apresentam como desafios para convivência saudável.

Deixar-se envolver pelos conflitos íntimos, que resultam da própria instabilidade, é caminho para dificuldades mais complexas e desajustes de consequências graves.

•

Se te sentes rechaçado no grupo onde te movimentas, tem paciência e persevera nos bons propósitos, produzindo para o bem.

Não há reação negativa que não se dilua ante o dissolvente da produção edificante.

Aqueles que não te conhecem reagem contra ti, graças aos conflitos que lhes são normais.

Concede-lhes o direito de serem assim, da mesma forma que te permites as deficiências que te exornam o caráter.

EXORNAR
enfeitar (caracterizar)

Se desconfias que alguém trama contra ti, não te aflijas, reagindo, porquanto é provável que não haja qualquer fundamento. No entanto, se for verdade o que suspeitas, permanece fiel, porque o problema é do outro.

Evita contaminar-te com as vibrações morbíficas das desconfianças que te impedirão de realizar o programa que te diz respeito, perdendo o tempo em questiúnculas sem sentido ou afligindo-te sem proveito.

Aprende a confiar em Deus e, por extensão, em ti mesmo, graças ao que faças de bom e de nobre, haurindo paz e alegria por identificar as possibilidades enriquecedoras que estavam adormecidas e as despertaste para o teu processo de crescimento.

Se estás entre pessoas de pouca cultura, sê simples e compreensivo; se transitas entre sábios e intelectuais, torna-te capaz de entendê-los, sem perguntas desnecessárias ou humilhação dispensável.

Em qualquer lugar podes permanecer com nobreza, sem exibicionismo inoportuno, sem receio injustificável.

Prossegue seguro de ti mesmo, e trabalha-te cada vez mais.

Um diamante no lodo brilha em qualquer faceta na qual a luz incide.

O Sol, mantendo a vida terrestre, não seca o pântano a pretexto de alterar rapidamente a paisagem.

Mantém-te calmo em qualquer circunstância e colherás sempre os resultados mais saudáveis que a desconfiança impede detectar.

•

MORBÍFICO
doentio, enfermiço

QUESTIÚNCULA
questão sem importância, insignificante

HAURIR
aspirar, sorver

FACETA
cada uma das pequenas faces regulares de uma pedra preciosa lapidada

Ninguém foge do processo evolutivo, e nele somente acontece aquilo que é de melhor para o Espírito, quando este sabe identificar a finalidade, o objetivo da ocorrência.

Lucra com o sucesso, mas aprende a colher os frutos que te oferece o ensejo da aparente desdita.

O bom agricultor jamais desdenha o trato da terra que lhe é oferecida para cuidar.

Conhecendo a composição do solo, trata-o com desvelo, remove pedrouços, coloca adubo adequado e semeia.

O tempo retribui-lhe em bênçãos os cuidados que ele aplicou no amanho e preservação da área.

Assim, não reclames da oportunidade de crescer, onde te encontras, com quem laboras e no momento que atravessas.

Confiante, prossegue em paz, e o tempo brindar-te-á com harmonia íntima.

...

DESDITA
desgraça, desventura, infelicidade, infortúnio [falta de dita]

DESVELO
cuidado carinhoso, zelo, atenção, afeição

PEDROUÇO
pedra, obstáculo

AMANHO
(arado) ação de cultivar

LABORAR
trabalhar, mourejar

BRINDAR
presentear

Não reclames da oportunidade
de crescer, onde te encontras,
com quem laboras e no momento
que atravessas. Confiante,
prossegue em paz, e o tempo
brindar-te-á com
harmonia íntima.

3

VIDA EM PLENITUDE

O MEDO DA MORTE DEVE SER RACIONALIZADO ANTE A INEVITA-bilidade desse fenômeno biológico.

Tudo nasce na forma orgânica para transformar-se molecularmente através da morte.

A morte é, portanto, uma forma de desestruturação celular, que se encarrega de alterar o conjunto material sem destruir a energia que o sustenta.

Nada existe que não experimente alteração, desde que a inércia é somente incapacidade de perceber-se o movimento.

A vida é perene, pois que se encontra em todo o Universo, originada no Pai Criador, e jamais se extingue.

A vida é o ser espiritual em diferentes estágios, evoluindo sem cessar, a partir da vibração inicial até à angelitude superior.

Por isso mesmo, o ser real não é o físico, mas o Espírito que modela, e que, mediante a disjunção das moléculas, liberta-se da clausura carnal, da mesma forma que, mediante a união das partículas, volve ao corpo e recomeça a experiência orgânica.

Morrer, desse modo, é desprender-se do magnetismo, do vitalismo orgânico, volvendo à vida em plenitude, à origem.

•

Quando se apega às licenças do prazer e aos impositivos das paixões mais primárias, o Espírito reage, no corpo, à libertação pela morte.

Supondo que a vida se resume ao frágil e breve período dos sentidos físicos, o indivíduo hedonista teme ou odeia a morte, sem se dar conta da degeneração material e dos complicados resultados perturbadores dela decorrente.

DISJUNÇÃO separação, desunião, divisão

CLAUSURA prisão

VOLVER voltar, reiniciar

LICENÇA [liberdade – desregramento, vida dissoluta]

HEDONISTA adepto do hedonismo

Morrer é libertação. Abandono da estrutura pesada a fim de planar livre na dimensão eterna.

Atavicamente fascinado pelo corpo, que apalpa e sente, o ser humano, por falta do hábito da meditação, da reflexão, e desinformado a respeito da sobrevivência sem os mitos nem as fantasias religiosas do passado, na morte vê o aniquilamento, o cessar da vida.

Ninguém morre, nada se destrói. Tudo experimenta transformações incessantes e o Espírito prossegue vivo mesmo quando ocorre a desarticulação da maquinaria física que comanda.

•

Graças às comunicações mediúnicas, confirmadas por Jesus redivivo, para demonstrar a vida estuante após a morte, desfruta-se a certeza da imortalidade, o que constitui alento e razão de alegria para todas as criaturas, que passam a viver no corpo trabalhando em favor da liberdade e da ventura espiritual que logo mais advirá.

Confia, portanto, em Deus, e conduze-te com equilíbrio em todos os momentos da existência terrena, a fim de que, no momento da morte, estejas preparado para sobreviver em plenitude.

Se algum ser querido antecedeu-te na viagem de retorno, acalma-te e espera.

Ele vive e te aguarda.

Se fizeres silêncio íntimo, falar-te-á, animando-te, para que prossigas em paz no desempenho das tuas tarefas até o instante da tua libertação.

ATAVICAMENTE
por herança [atavismo: reaparecimento, nos descendentes, de certos caracteres físicos ou morais dos avós, não presentes nas gerações imediatamente anteriores]

MAQUINARIA
conjunto de equipamentos (corpo)

MEDIÚNICO
relativo à mediunidade (faculdade natural do ser humano, que propicia o intercâmbio entre os planos espiritual e material)

ESTUANTE
que se agita, exuberante

VENTURA
felicidade

E se, por acaso, algum temor te ameaça no que diz respeito à desencarnação, recorda-te que diariamente, quando adormeces, experimentas uma forma de morte, cujo despertar é de certa maneira reencontrar a imortalidade...

Ama aos que morreram, mas vivem, preparando-te, por tua vez, para viveres depois que morras.

•••

Confia em Deus, e conduze-te com equilíbrio em todos os momentos da existência terrena, a fim de que, no momento da morte, estejas preparado para sobreviver em plenitude. Se algum ser querido antecedeu-te na viagem de retorno, acalma-te e espera. Ele vive e te aguarda.

4

DECISÃO FELIZ

ACEITASTE O CONVITE PARA AMPLIAR AS DIMENSÕES DO REINO de Deus entre as criaturas humanas, e te vens desincumbindo conforme prometeste.

Colocas a mente e o coração no verbo, a fim de que a mensagem ressoe, rica e iluminativa, despertando o interesse dos ouvintes e acalmando-lhes os sentimentos em conflito.

RESSOAR propagar, expandir

Entregas-te com espírito de sacrifício à tarefa, sem medires forças ou resistência, desde que a palavra alcance o maior número possível de necessitados.

Empenhas-te na execução do programa superior, tentando sintonizar com o pensamento dos Benfeitores, de forma que coroes as lições verbais com a exemplificação.

Percebes os riscos que te rondam, as ciladas que não cessam, e prossegues, sem receio, avançando passo a passo.

Confias em Deus e te ofereces com espírito de aceitação de todas as empresas, consciente que a vitória é do Bem, e que a tua é a satisfação do serviço desenvolvido.

Momentos chegam nos quais desejarias repousar, espairecer, permutar alegrias comuns, mas a soma de atividades não te permite o tempo para o que te apraz, senão para o que deves fazer.

ESPAIRECER distrair, entreter, recrear

APRAZER causa prazer, é aprazível, apreciável

Vês o desfile dos júbilos vazios nos carros da ilusão e te apiedas dos enganados, que se arrojam nas valas das satisfações imediatas, sedentos e esfaimados de paz, de felicidade.

JÚBILO alegria, felicidade

APIEDAR ter piedade, compaixão

ARROJAR lançar com ímpeto e força; arremessar-se

ESFAIMADO que tem fome

Tentas alcançá-los com a tua voz, mas eles caminham surdos, indiferentes para a realidade.

Chegar-lhes-á o momento de despertar, e recorrerão à fé religiosa, qual ocorreu contigo oportunamente.

Por agora, prossegue no ritmo da tua decisão feliz.

•

Censuram-te alguns diletantes, porque não aderes aos modismos em voga.

Antipatizam-te diversos companheiros, porque te recusas o prato apetitoso das leviandades.

Hostilizam-te inúmeras pessoas, apontando-te como desagradável, porque te cinges aos compromissos e não dispões de espaço ou tempo para a corrida em direção nenhuma, a que eles se entregam.

Propõem-te mudanças de roteiro, atualização de conteúdos, adaptação de ideias, e permaneces tranquilo, arrimado às tuas convicções.

Difamam-te, os insensatos, que te veem alcançar o que chamam de êxito, sem se darem conta dos teus contributos silenciosos.

Nada pedes, nada impões a ninguém.

No teu posto, aguardas as ocorrências, o desdobramento das tarefas, sem perturbar os amigos nem os sacrificar.

Gostariam que fosses diferente.

Trazem-te modelos e tipos que, segundo eles, deverias encarnar.

Não te compreendem.

Mas nada disso é importante. És como consegues ser e fazes quanto podes. Não alteres o teu rumo nem modifiques o teu método.

Os teus são compromissos com a decisão feliz de servir a Jesus e seguir-Lhe o exemplo quanto te seja factível.

•

DILETANTE
medíocre, superficial [amante das artes]

LEVIANDADE
falta de seriedade; insensatez

CINGIR
rodear, cercar

ARRIMAR
sustentar, firmar

FACTÍVEL
possível, realizável

Quando Paulo se apresentou no Areópago, em Atenas, o seu verbo inflamado e culto, rico de sutilezas filosóficas e de referências elogiosas ao classicismo do pensamento grego, despertou simpatias do público e aplauso das vaidades presentes.

Era, porém, indispensável apresentar a imortalidade, o dever através da ressurreição do Espírito à morte física e, ao fazê-lo, não foi poupado pelas mentes anestesiadas e as presunções ridículas, sendo vaiado e deixado a sós no grandioso templo de que a cidade se orgulhava.

Não havia ouvidos para a verdade naquela ocasião.

Mesmo hoje acontece de forma quase idêntica. São poucos os que estão despertos, neste imenso oceano de adormecidos.

Não desfaleças e insiste.

Um dia, quando o anjo da libertação te romper as algemas carnais e te desvinculares do corpo, constatarás que a tua foi a decisão certa, a de servir ao Senhor da Vida e não a de te deixares consumir nas alucinações da existência física.

•••

AREÓPAGO
o areópago era a parte nordeste da Acrópole em Atenas e também o nome do próprio conselho que ali se reunia; além de supremo tribunal, o conselho também cuidou de assuntos como educação e ciência por algum tempo [por volta de 50 da era cristã, filósofos epicureus e estoicos que discutiam com o apóstolo Paulo levaram-no ao Areópago para que lhes contassem a respeito de sua nova doutrina; assim, Paulo disse ter feito o famoso discurso, o *Areopagede*, "O Deus que fez o mundo e tudo o que nele há, sendo ele o Senhor do céu e da terra, não habita em santuários feitos por mãos dos homens", *Atos* 17:24]

CLASSICISMO
relativo ao período clássico grego e latino

*Os teus são compromissos
com a decisão feliz de servir
a Jesus e seguir-Lhe o exemplo
quanto te seja factível. Não
desfaleças e insiste. Um dia,
quando o anjo da libertação
te romper as algemas carnais
e te desvinculares do corpo,
constatarás que a tua foi
a decisão certa.*

5

AFLIÇÕES REAIS

MUITAS PESSOAS QUE TRANSITAM DISTRAÍDAS NO CORPO, EM pleno sono espiritual, postergam o encontro com a fé religiosa, lúcida e racional, justificando a necessidade de continuarem gozando as concessões agradáveis do mundo físico.

A vida parece-lhes um palco onde se teatralizam as emoções sob o açodar das paixões voluptuosas. Para o seu aturdido discernimento, despertar para as responsabilidades do Espírito é como caminhar sobre acúleos e permanecer com os olhos pejados de lágrimas.

Acreditam, ou fazem crer, que os religiosos são pessoas tristes e pessimistas, que somente convivem com a dor, com a morte e sob o constante medo das penalidades cruéis, quão desagregadoras, aplicadas pela Divindade.

Fosse no passado, e quiçá teriam alguma razão, considerando-se os postulados farisaicos vigentes em algumas religiões punitivas e castradoras dos ideais da beleza, do progresso, da cultura em geral...

Não obstante, mesmo com essas propostas lamentáveis, advertiam quanto à imortalidade e à vida futura, desfraldando uma bandeira de esperança movida pelos ventos generosos do amor.

Com o advento do espiritismo, alterou-se a visão da realidade espiritual e o pensamento de Jesus passou a caracterizar-se pelo otimismo e pela excelência de conteúdo renovador, conforme Ele o exteriorizara no Seu tempo.

O compromisso com o Espírito está ínsito no próprio ser, que não pode dissociar a estrutura profunda de que é constituído da névoa densa que o reveste.

Por mais se distraia a criatura, um momento chega em que se surpreende com a ocorrência de fatos inevitáveis que lhe

POSTERGAR desprezar, transgredir, atrasar

LÚCIDO consciente; preciso

AÇODAR instigar, acelerar, apressar, precipitar

VOLUPTUOSO que aprecia ou procura os prazeres dos sentidos

ATURDIDO perturbado, atônito, atordoado, maravilhado, pasmado

ACÚLEO aguilhão, ferrão, espinho [estímulo, incentivo]

PEJADO carregado, cheio

QUIÇÁ talvez, porventura (quem sabe)

FARISAICO que se refere a fariseu; que tem caráter de fariseu [hipócrita]

ÍNSITO inserido, gravado no espírito

ferem a atenção e que impõem alteração de conduta pelo sofrimento.

Nesse momento, surge a necessidade da fé religiosa como âncora de segurança, sem a qual as aflições se tornam acerbas e insuportáveis.

Ninguém há que permaneça incessantemente no sono da consciência sem que surjam os momentos do despertar.

Não raro, nessa ocasião foge-se para mecanismos depressivos ou alucinados, pela teimosia, pela relutância em submeter-se aos impositivos transformadores que a vida enseja.

O receio, que permanece como decorrência da vinculação com a fé que propicia aflições, tem algum fundamento, se for considerado que o encontro com a realidade, esmagando ou diluindo a ilusão, sempre produz dores. No entanto, as alegrias derivadas dos sentidos são muito breves, como santelmos, enquanto que aquelas decorrentes dos hábitos saudáveis e das ações enobrecidas têm sabor de perenidade.

As aflições reais não são as que se derivam das alegrias que se esfumam ante a claridade dominadora da realidade, mas aqueloutras que decorrem do tempo perdido da malversação das horas, dos abusos de toda a natureza, dos compromissos perversos assumidos...

O encontro repentino com a luz enceguece momentaneamente.

A chegada do som após longo silêncio aturde.

O alimento ingerido depois de demorado jejum pesa no estômago.

Todo o bem que chega inesperadamente perturba aquele que se detém nas viciações do mal a que se acostumou.

•

ACERBO
terrível, severo

PROPICIAR
tornar favorável (favorecer, proporcionar)

SANTELMO
[faísca eletromagnética breve] o fogo de santelmo consiste numa descarga eletroluminescente provocada pela ionização do ar num forte campo elétrico gerado pelas descargas elétricas; chamado de fogo, é na realidade um tipo de plasma gerado por uma enorme diferença de potencial atmosférico; o fogo de santelmo deve o seu nome a São Pedro Gonçalves Telmo ou a Santo Erasmo (também conhecido como Santo Elmo ou São Telmo), santos padroeiros dos marinheiros, mareantes e barqueiros, que haviam observado o fenômeno desde a Antiguidade, e acreditavam que a sua aparição era um sinal propício e que acalmava a tempestade

ESFUMAR
enfumaçar, perder a transparência

MALVERSAÇÃO
[desperdício] dilapidação de dinheiro ou bens no exercício de um cargo; má administração; desgoverno

ENCEGUECER
tornar cego, cegar

O obsesso de Gadara, quando viu o Mestre, exclamou, desesperado:

— Jesus, filho de Deus altíssimo! Rogo-Te que não me atormentes.*

A presença da luz rasgava-lhe as trevas íntimas e fazia-o sofrer, a atormentar-se com a consciência de culpa sobrecarregada de crueldade e dureza.

Interiorizado no mal que praticava, não podia esperar que o suave Rabi lhe alterasse o comportamento com a simples presença.

ATURDIR
atordoar, assombrar

O bem aturde o mal, qual ocorre com a labareda que aquece e também queima.

FRÍVOLO
leviano, volúvel

É inevitável, portanto, o grande enfrentamento que os frívolos e distraídos tentam adiar. Esse reagir, esse recriminar, já significam a vulnerabilidade do ser à presença da fé libertadora, vencendo-lhe a rebeldia sistemática.

REBELDIA SISTEMÁTICA
rebeldia intensional e metódica

PEQUENA MONTA
pequeno valor, pequena expressão

Desse modo, as aflições de pequena monta, quando não consideradas, abrem espaço para a instalação das reais e profundas, que decorrem do mal direcionamento dos passos humanos, quando poderiam voltar-se para o rumo da ascensão espiritual.

...

* *Lucas*, 8-28 [nota da Autora espiritual]

O bem aturde o mal, qual ocorre com a labareda que aquece e também queima. É inevitável, portanto, o grande enfrentamento que os frívolos e distraídos tentam adiar. Esse reagir, esse recriminar, já significam a vulnerabilidade do ser à presença da fé libertadora, vencendo-lhe a rebeldia sistemática.

6

SERVIDOR

SIM, ERA DE CRER-SE QUE O RESULTADO DO BEM FOSSE DIFErente.

A serviço do ideal libertador, e abraçando a caridade, seria de esperar-se por menos dores e incompreensões, por melhor colheita de frutos de alegria.

Isso, no entanto, seria um engodo proporcionado pela vida.

ENGODO engano, equívoco [bajulação]

O missionário sempre enfrenta os piores desafios.

Quem abre estradas defronta maiores obstáculos.

Aquele que recupera solos áridos sofre dificuldades mais expressivas.

Quando alguém se põe a drenar pântanos e águas putrefatas, não se pode furtar à presença dos odores nefastos nem da lama pestilenta.

PUTREFATO apodrecido, corrompido

PESTILENTO pútrido, podre, fedorento, nauseabundo

Todo aquele que se dispõe a alterar a paisagem moral da sociedade é sempre considerado excêntrico, quando não se torna vítima de contínuas agressões e combates.

É natural que assim ocorra, porquanto o processo de alteração dos conceitos morais e da conduta pessoal faz-se normalmente penoso.

Qualquer mudança no organismo social para melhor ocorre de maneira dolorosa, e os seus promotores são perseguidos com acrimônia e perversidade.

ACRIMÔNIA azedume, aspereza, severidade

Não estranhes a imensa colheita de amarguras do momento.

Todo o apóstolo do progresso, da beleza e da fé experimenta a imolação, a fim de modificar o grupo no qual se movimenta.

IMOLAÇÃO sacrifício muito penoso

O mesmo ocorre contigo.

Não te deixes desgastar emocionalmente com as ocorrências infelizes que têm lugar a tua volta.

Mantém o ânimo e avança em paz.

Não fosses idealista, e não te encontrasses na ação cristã, sofrerias outras circunstâncias perturbadoras.

Observa aqueles que parecem triunfadores e felizes, aplaudidos e bajulados, quando passarem os seus dias de aparente triunfo, e vê-los-ás abandonados, vencidos, atormentados...

A Terra é planeta de provas, portanto a luta é labor incessante.

LABOR
trabalho

•

Quando estejas cansado, renova-te pela prece.

Quando te sintas aturdido pelas ocorrências desagradáveis, recorre à meditação.

Quando te descobrires com estresse e mau humor, recupera-te pensando em Jesus e buscando-O.

Não estás a sós. Seres amados envolvem-te nas dúlcidas vibrações que te sustentam as energias, preservam-te a saúde e vitalizam-te a disposição para continuares servindo.

DÚLCIDO
doce

Já te imaginaste em ociosidade dourada, ou em festas ruidosas, ou em recreações contínuas?

Renasceste para o serviço, pois que aceitaste a tarefa como terapia salvadora.

Provéns de comportamentos anteriores que te alienaram, que te comprometeram.

Hoje é o teu dia de servir.

Não te arrependas da opção elegida.

Dia virá em que as circunstâncias se alterarão e será então a época própria para colher a luz que espalhas e o amor que incutes em outras vidas.

INCUTIR
sugerir, proporcionar, inspirar

•

Ninguém até hoje se revelou maior servidor do que Jesus.

RUTILAR
brilhar, resplandecer

Seu exemplo rutila através dos tempos, iluminando vidas incontáveis.

Ele nunca se queixou, porque sabia que as criaturas humanas ainda se encontram na infância espiritual.

Toma-O como teu modelo e segue adiante.

REFREGA
batalha, combate, peleja, luta

Quanto mais extenuantes as refregas, mais expressivas se fazem as vitórias.

O servidor está sempre a postos, jovial e bom, ensinando com o exemplo e cantando o hino da alegria de que se sente possuído.

ENFADO
tédio, aborrecimento

Serve, sem cessar, e prossegue sem enfado e sem desencanto.

És construtor do futuro, no qual Jesus te aguarda para o memorável encontro.

•••

*Quando estejas cansado,
renova-te pela prece. Quando
te sintas aturdido pelas
ocorrências desagradáveis,
recorre à meditação. Quando
te descobrires com estresse
e mau humor, recupera-te
pensando em Jesus e buscando-O.*

7

COMPORTAMENTO PESSIMISTA

O HÁBITO DA LAMENTAÇÃO E DA QUEIXA TORNA-SE, CADA VEZ mais, razão de pessimismo e perturbação.

Caracterizando um comportamento enfermiço, generaliza-se, contagioso, arrastando multidões ao desânimo ou açulando temperamentos rebeldes para a violência, em tentativas infelizes de desviar o curso dos acontecimentos e as circunstâncias que condenam com acrimônia.

AÇULAR provocar, incitar

ACRIMÔNIA acridão, amargueza [veemência]

Possuindo uma óptica distorcida sobre a realidade, todo aquele que cultiva a queixa sistemática apura a observação exclusivamente direcionada para o lado negativo dos fatos, comprazendo-se em invectivar, apresentando-se como vítima inocente de tudo quanto lhe sucede, sem anotar as inumeráveis faces positivas e concessões que lhe são oferecidas pela Vida, em uma rude forma de ingratidão com suas consequências infelizes.

COMPRAZER gostar

INVECTIVAR atacar, censurar

Vivendo o pessimismo, que se deriva da autocomiseração, compraz-se em atormentar-se, passando a atormentar também as criaturas incautas, que se lhe associam, contagiando-as com os miasmas venenosos, assim aumentando o número de deprimidos, torpeadores dos ideais de enobrecimento humano.

AUTOCOMISERAÇÃO autocompaixão [comiseração: compaixão para com os alheios sofrimentos]

INCAUTO sem cautela, ingênuo, imprudente

MIASMA emanação fétida, pestilenta, contaminada

Mediante essa atitude, mais se agravam os fatos censuráveis, equivocados, quando o correto seria abandonar a crítica derrotista, contribuindo em favor da retificação dos erros, alterando assim o rumo dos sucessos prejudiciais.

De tal maneira se agrava esse comportamento que, tais indivíduos, ao invés de promoverem estímulos à saúde, os seus comentários cingem-se sempre à valorização das doenças.

CINGIR unir, rodear [coroar, ornar, cobrir]

Detalham o quadro das enfermidades de que se dizem objeto, real ou imaginariamente, cultivando o pessimismo quanto à provável recuperação, não tendo em conta a contribuição da mente saudável agindo sobre os implementos celulares, os delicados mecanismos nervosos, os sutis equipamentos cerebrais que, dessa maneira, sofrem-lhes as descargas vibratórias mefíticas.

A conduta pessimista constitui vício grave do Espírito comprometido com a própria consciência.

•

O fenômeno natural da vida é a saúde. A enfermidade constitui distúrbio da conduta moral, que a alma insculpe nas delicadas tecelagens orgânicas solicitando reparação.

Quando não considerada com o respeito que merece, essa distonia dos fenômenos vitais dá lugar à instalação da doença. Somente quando o campo vibratório do ser humano está em desarmonia, em razão dos referidos fatores profundos, a fauna e a flora microbiana instalam-se, produzindo as degenerescência.

A vida avança para a plenitude.

Tudo contribui para o crescimento e a sublimação do ser.

Aspirar por alcançar as cumeadas da evolução é impulso do pensamento; consegui-lo é resultado do esforço pela ação.

Tendo-se em vista as admiráveis dádivas de Deus ao ser humano, descobre-se que os limites e as dificuldades que surgem pelo caminho são também desafios que devem ser vencidos a esforço pessoal e com satisfação.

A queixa complica o quadro da realização, e o pessimismo é tóxico que termina por vitimar aquele que o cultiva.

•

MEFÍTICO
fétido, podre, pestilento, que exala miasma

INSCULPIR
esculpir, gravar, marcar

DISTONIA
[distúrbio]

DEGENERESCÊNCIA
degeneração, deterioração

PLENITUDE
estado de pleno, totalidade [felicidade]

SUBLIMAÇÃO
purificação, elevação, ato de tornar sublime, superior

CUMEADA
relativo à cumeeira, topo, alto

ASCENDER
subir, evoluir

INDELEVELMENTE
que não se pode delir; que não se pode apagar, que não se pode destruir, que não desaparece, que dura; indestrutível; que não se pode expungir

TENTAME
experiência, prova, tentativa, ensaio

ATÁVICO
[herdado] comportamento herdado de gerações anteriores aos avós

Fadado à glória estelar, o Espírito ascende etapa a etapa, trabalhando-se, ora através das conquistas intelecto-morais, noutras vezes vivenciando as experiências dos sofrimentos, que fixam as lições da vida indelevelmente, contribuindo para tentames mais nobres e elevados.

Confiança em Deus, otimismo e alegria de viver devem ser os recursos valiosos que se pode utilizar para libertar-se dos atávicos comportamentos pessimistas, que devem ser abandonados em favor da autorrealização, da autoplenificação.

...

A queixa complica o quadro
da realização, e o pessimismo
é tóxico que termina por vitimar
aquele que o cultiva.

8

AUTO-IDENTIFICAÇÃO

A CRIATURA QUE SE CONHECE CONSEGUE SIGNIFICATIVO ÊXITO no empreendimento da evolução.

Percebe, de início, a própria fragilidade, compreendendo que não apenas as suas resistências orgânicas são muito vulneráveis, mas também aquelas de natureza moral.

LABOR
trabalho

Por isso mesmo, empenha-se no labor de acumular energias que lhe proporcionem vigor para superar-se continuamente, perseverando nos hábitos saudáveis, tanto quanto nos pensamentos elevados.

BAZÓFIA
fanfarronice, prosápia, vaidade

À medida que adquire conhecimentos, mais simples se torna, eliminando a bazófia e o exibicionismo, em razão do entendimento a respeito da vida, sua infinidade de propostas e de possibilidades.

IRRETOCÁVEL
que não necessita de retoque; acabado, perfeito

Nunca se tem em conta de irretocável nem se apresenta com aparentes qualidades morais que não possui.

EMPECILHO
dificuldade, impedimento

Entende as lutas ásperas que travam as demais pessoas, recordando-se de haver percorrido equivalentes caminhos e ainda encontrar-se atado aos empecilhos íntimos de que se conseguiu libertar.

Preserva a paciência ante os desafios que surgem no cotidiano e confia no futuro que pretende conquistar, passo a passo, desde agora.

EMULAR
empenhar

A autoidentificação oferece a medida exata das possibilidades ao alcance de cada um, emulando ao desdobramento delas, sem ansiedade, mas também sem desalento.

•

A medida evolutiva do ser humano é a ambição que o caracteriza.

Se esta for imediatista e egoística, ei-lo transitando pelo largo período do instinto, escravizado à posse, ao desejo subalterno.

Se assinalada pelos ideais de realização pessoal como do seu próximo, avança na conquista e uso da razão, aureolada de sentimentos nobilitantes.

Se direcionada para a libertação, anelando pelos grandes voos do pensamento e da abnegação, alcança os patamares superiores das emoções transcendentes.

No primeiro caso, mergulha no jugo das necessidades reais e imaginárias, estorcegando-se e frustrando-se por permitir-se devorar pela alucinação dos desejos infrenes.

Na etapa fria da razão, não havendo o calor do sentimento, o trânsito prolonga-se em buscas intermináveis, sem a paz do encontro.

Quando, porém, direciona os passos para a emoção, ilumina-se, autoidentifica-se, liberta-se.

A estrada do progresso, no entanto, é quilometrada pelas experiências que se iniciam no instinto e alongam-se infinito afora na busca da plenitude.

O ser viaja da treva da ignorância para a mirífica luz do amor que discerne.

Em cada estágio aprimora capacidades latentes e abre espaços novos a serem conquistados.

Quanto mais sabe, mais percebe o quanto necessita aprender.

Assim, a ascensão leva-o a ambicionar por alturas sempre mais desafiadoras e expressivas.

•

ANELAR
aspirar, desejar

TRANSCENDENTE
sublime, superior, elevado

ESTORCEGAR
torcer com força, retorcer

INFRENE
sem freio, desordenado, descomedido

MIRÍFICO
admirável, maravilhoso, portentoso, perfeito

LATENTE
oculto

O apóstolo Paulo pôde autoidentificar-se quando reconheceu que, não obstante haver atendido ao convite de Jesus para o ministério da palavra e da vivência evangélica, mesmo idoso, mantinha um espinho cravado nas carnes da alma, o qual era uma permanente advertência sobre a própria fragilidade.

INCÓLUME
sem alteração

Somente Jesus, por ser Espírito perfeito, passou incólume pela Terra, jamais, porém, escusando-se aos testemunhos do sofrimento, da solidão e do silêncio, por fim deixando os companheiros quase a sós, para que, com a Sua morte, aprendessem a conquistar a vida, autoidentificando-se e conquistando a Verdade.

...

A criatura que se conhece
consegue significativo êxito
no empreendimento da evolução.
Preserva a paciência ante os
desafios que surgem no cotidiano
e confia no futuro que pretende
conquistar, passo a passo,
desde agora.

9

DESPERTAR ESPIRITUAL

MULTIFÁRIO
de grande variedade; de várias espécies; de vários modos

COMETIMENTO
ato

IMANTAR
atrair magneticamente, magnetizar

PROCESSUS MORTIS
expressão em latim: processo da morte, momento da morte, etapas da morte

DESIMANTAR
sair da atração do imã, quebrar os liames magnéticos

DESPOJO
resto, cadáver

CADA INDIVÍDUO É A SOMA DAS EXPERIÊNCIAS MULTIFÁRIAS NO seu processo de evolução.

Etapa a etapa, adquire recursos que o preparam para cometimentos mais amplos e realizações mais expressivas.

Por isso mesmo não existem dois processos de desencarnação iguais, já que as existências humanas são diferentes.

Assim como a roupagem física é modelada pelos conteúdos morais do ser espiritual, e vai imantada molécula a molécula ao Espírito reencarnado, o seu desprendimento também ocorre através da ruptura dos laços que o atam a essas estruturas celulares uma a uma.

Conforme os hábitos mentais cultivados, o *processus mortis* obedece às fixações mantidas em maior ou menor grau de intensidade.

Quando ocorre a parada cardíaca e, por extensão, a morte do tronco cerebral, tecnicamente o corpo se encontra sem vida, passando ao estado de cadaverização.

Não obstante, a desencarnação real, a liberação dos vínculos, obedece a fatores de natureza moral, relativos ao modo como cada qual se houve durante a jornada ora concluída.

Os sensualistas, todos quantos da vida somente coletaram benefícios e gozos, ou se permitiram apegos injustificáveis, ou mantiveram sentimentos perturbadores, encontrarão grande dificuldade para se desimantarem dos despojos materiais.

Lutam com desesperação para revitalizar o corpo inanimado, movimentá-lo, comunicar-se por seu intermédio, experimentando inenarrável angústia ante a impossibilidade de consegui-lo.

Porque desacostumados à reflexão e ao equilíbrio, enfurecem-se e, transtornados, mais aumentam a própria alucinação, que prolongam por largo período de sofrimento...

Pelo contrário, quem se acostumou à renúncia e à generosidade, à meditação e aos exercícios espirituais, facilmente se desencharca dos fluidos mais grosseiros, liberando-se com rapidez e adquirindo lucidez a respeito da ocorrência fatal e inevitável.

Nas mortes violentas, porque inesperadas, o choque, não raro, oblitera o raciocínio, exigindo cuidados especiais dos Missionários do bem, que não cessam de socorrer todos aqueles que se encontram em estado de sofrimento e de penúria.

Inversamente, nas enfermidades prolongadas, carpidas com humildade e coragem, nas quais as energias se vão consumindo, o desprendimento faz-se sucedido pela alegria do imediato recobrar da consciência e, com lucidez, reencontrar os seres queridos que vêm receber e saudar na aduana da Vida em triunfo.

•

A contribuição dos afetos que permanecem no corpo pode tornar-se relevante ou não, assim como de alto significado.

Enquanto que o desespero dos familiares, as blasfêmias e imprecações transformam-se em petardos mentais que aturdem o desencarnado, os pensamentos de amor, de gratidão, chegam-lhe como reconforto e ânimo, facilitando-lhe a compreensão do ocorrido e a alegria de se sentir amado, predispondo-o ao crescimento interior para prosseguir vinculado, auxiliando-se mutuamente.

DESENCHARCAR
tirar o exagero de fluidos, enxugar, apurar

OBLITERAR
obscurecer, tapar, obstruir

CARPIR
ato de limpar, apurar

ADUANA
alfândega, local onde se confere documentos de entrada e saída de países

BLASFÊMIA
palavra ofensiva, palavrão

IMPRECAÇÃO
praga, maldição

PETARDO
projétil, bomba, seta

ATURDIR
atordoar, assombrar

Ao rememorar-lhe os momentos felizes e envolvê-lo nos tecidos suaves da saudade feita de ternura, alcançam-lhe os painéis agradáveis de lembranças enriquecedoras.

À medida que o corpo se transforma, esse Espírito tranquilo o bendiz, facilmente adaptando-se ao Grande Lar.

BENDIZER agradecer por um favor

•

Como medida terapêutica preventiva e eficaz para um despertar saudável além da morte, convém que se reservem momentos diários para pensar-se nela e na libertação dos resíduos orgânicos, ao tempo em que os hábitos mentais e morais construam uma existência digna, porquanto se encerrada biologicamente essa etapa, ela irradiará as suas vibrações, que atarão o Espírito aos seus despojos, ou se transformarão em asas, que o alçarão aos altiplanos felizes onde habitará a partir de então.

DESPOJO resto, cadáver

ALTIPLANO terreno alto, geralmente mais belo e limpo

•••

Como medida terapêutica
preventiva e eficaz para um
despertar saudável além da morte,
convém que se reservem
momentos diários para pensar-se
nela e na libertação dos resíduos
orgânicos, ao tempo em que
os hábitos mentais e morais
construam uma existência digna.

10

MEDIUNIDADE E TESTEMUNHOS

MEDIUNIDADE
faculdade natural do ser humano, que propicia o intercâmbio entre os planos espiritual e material

PROBIDADE
honestidade

LOBRIGAR
ver, perceber

MISTER
ocupação, serviço, trabalho

LENIR
balsamizar, consolar

EXULCERAÇÃO
ferida, úlcera, mágoa, desgosto

TRANSEUNTE
pedestre, passageiro, caminhante

MIASMA
cheiro ruim, emanação podre

ATAVISMO
herança

AUSTERO
de caráter severo; rigoroso

LEVIANDADE
falta de seriedade; insensatez, irreflexão

FRÍVOLO
leviano, inútil

EM VEZ DE CONSTITUIR-SE PRIVILÉGIO DE QUE DESFRUTAM alguns indivíduos, a mediunidade é vigoroso instrumento de trabalho, que deve ser utilizado com probidade e elevação, a fim de que lobrigue o mister a que se destina.

Possuindo finalidades específicas, quais demonstrar a imortalidade do Espírito, contribuir terapeuticamente para a saúde espiritual, desvelar a realidade do mundo extrafísico, lenir exulcerações morais, consolar corações e iluminar mentes, a mediunidade representa valioso contributo da vida, auxiliando os transeuntes da jornada carnal, para que encontrem o rumo da felicidade.

Utilizada com equilíbrio, conforme as sadias diretrizes propostas pelo espiritismo, faculta o desenvolvimento ético-moral do ser e da sociedade na qual ele se encontra, promovendo o progresso intelectual e filosófico com vistas à aquisição de um sentido libertador dos miasmas e atavismos ancestrais que permanecem dificultando a ascensão humana.

Por consequência, o exercício da mediunidade convida à reflexão e ao espírito de serviço em favor das demais pessoas.

Constituindo recurso autoiluminativo, impõe disciplinas austeras e comportamentos severos em relação ao seu uso e à aplicação das suas energias.

É natural, portanto, que não deva ser utilizada com leviandade ou para divertimento dos frívolos.

Certamente, quando mal direcionada, permanece facultando o comércio inferior com as Entidades perversas e mistificadoras, do mesmo teor moral daquele que a possui.

Aplicada condignamente, produz estados de êxtase superior, não impedindo, todavia, que o seu instrumento experimente aflição, expurgando os erros dantanho e os delitos que ficaram na retaguarda, pesando negativamente no seu processo de elevação.

Assim sendo, o martírio que acompanha alguns medianeiros abnegados faz-se-lhes bênção de inapreciável significado, graças ao qual se engrandecem e se iluminam.

Isenta de qualificação moral, a faculdade em si mesma se identifica com as faixas vibratórias nas quais sincroniza a mente do seu portador.

Colocada a serviço de Jesus, aureola-se de peregrina luz que espanca as sombras do primarismo e aponta o porto que deve ser alcançado.

•

Santo Antão, nos primórdios do cristianismo, meditando no monte Pispir, em pleno deserto, era perseguido por Espíritos malévolos que tentavam desorientá-lo.

Hildegarda de Bingen, a extraordinária mística alemã, embora refugiada no monastério para manter-se em perfeita identificação com Jesus e Sua doutrina, não conseguiu eximir-se às ações doentias dos desencarnados em profunda perturbação.

Santo Antônio de Pádua, seráfico e sacrificado, era visitado pelos inimigos espirituais do Cristo que tentavam molestá-lo e atormentá-lo.

Ermance Dufaux, a abnegada médium de Joanna d'Arc e de São Luiz de França, que tanto cooperou com o eminente mestre Allan Kardec, sofreu apodos e foi tida como psicopata.

EXPURGAR
limpar; corrigir

DANTANHO
do passado, de antes

MEDIANEIRO
intermediário (médium)

ESPANCAR
afastar

PRIMARISMO
primitivismo, atraso

PISPIR
antiga região do Egito, nomeada atualmente Der el-Memun

SERÁFICO
pertencente ou relativo aos serafins; angélico; semelhante a serafim em beleza ou devoção extática; devoto; místico, beatífico

MÉDIUM
indivíduo que atua como intermediário entre os planos espiritual e material

EMINENTE
que se destaca por sua qualidade ou importância; excelente, superior

APODO
zombaria

MEDIÚNICO relativo à mediunidade

O ministério mediúnico é sempre acompanhado de testemunhos e de sacrifícios.

Não foram poucos aqueles que a impiedade e o fanatismo religioso levaram à fogueira, à infâmia, ao suplício impenitente, negando-lhes o direito a qualquer defesa.

INFÂMIA vergonha

O martírio, de uma ou de outra forma, sempre tem assinalado o labor de todo aquele que se entrega ao Mestre crucificado, Médium que também o foi de Deus.

LABOR trabalho

•

BENDIZER agradecer por um favor

Bendize as dores que te alcançam e dilaceram as fibras da alma.

Não apenas aquelas que são impostas pela insensibilidade humana ou gratuita perseguição de outros. Mas aos estados íntimos que te amarguram e desorientam.

Alegra-te com a oportunidade de crescer interiormente, enquanto auxilias a quantos se te acercam.

SARÇAL matagal, moita, espinheiro

PEDROUÇO pedra, obstáculo

O sarçal e os pedrouços do teu caminho, após percorridos, abrir-se-ão em flores e atapetarão o solo por onde passarão outros pés, após os haveres transformado pela tua bondade e compaixão.

RECALCITRAR revoltar, teimar

AGUILHÃO ferrão, objeto que estimula o movimento

Não recalcitres contra o aguilhão da dor, dificultando a própria liberdade.

Utiliza-te das tuas forças mediúnicas para gerar simpatia, recuperar vidas e resgatar danosos comportamentos, adquirindo alegria de viver por todo o bem que possas fazer, ou por facultar aos Benfeitores da Humanidade as realizações dignificantes por teu intermédio.

•••

A mediunidade, colocada
a serviço de Jesus, aureola-se
de peregrina luz que espanca
as sombras do primarismo
e aponta o porto que deve
ser alcançado.

II

QUEDAS MORAIS

RELEVANTE É A QUESTÃO DA FÉ RELIGIOSA, PARTICULARMENTE quando conseguida através dos conceitos lúcidos da razão e da lógica.

Tendência natural do ser pensante, a fé na Realidade Suprema resulta de um atavismo presente no inconsciente, evocando a estância espiritual, quando se viveu em plenitude antes da indumentária carnal.

Presente nos refolhos da alma, a fé torna-se claridade que aponta rumos e dulcifica sentimentos.

Vitalizada pelo combustível da análise crítica, torna-se robusta ante a constatação racional dos seus conteúdos centrados na imortalidade do Espírito, na sua comunicabilidade e na reencarnação, podendo enfrentar a dúvida com tranquila segurança, apresentando painéis de esperança enriquecidos de propostas de paz e de elevação.

A fé, no entanto, propõe área para comportamentos de identificação moral que a confirmem através da sua vivência nos enfrentamentos e nas vicissitudes diárias.

Mesmo portadora de coragem e de destemor diante dos grandes desafios e testemunhos dramáticos, a fé experimenta deperecimento de forças no dia a dia moral da criatura, aturdida pelos desequilíbrios existenciais.

Numa sociedade permissiva e imediatista, os objetivos do prazer predominam em detrimento dos sacrifícios do dever. E mesmo esse, não raro, sofre a influência corruptora do contexto dominante, abrindo-se a concessões que amolentam o caráter e proporcionam defecções morais.

LÚCIDO
claro, límpido, compreensível

ATAVISMO
herança

ESTÂNCIA
lugar onde se está ou permanece

INDUMENTÁRIA
vestuário, roupagem (corpo)

REFOLHOS
a parte mais íntima ou secreta da alma; âmago

DULCIFICAR
tornar doce, amável

VICISSITUDE
sofrimento, prova

DEPERECIMENTO
diminuição, enfraquecimento

AMOLENTAR
enfraquecer

DEFECÇÃO
deserção, fuga

A fé deve constituir a força e guiar para a conduta ética em todos os momentos da existência humana.

O comportamento de quem crê difere, sem dúvida, significativamente, de forma a demonstrar essa convicção, porquanto, sem esse roteiro, o naufrágio emocional é inevitável.

Acreditando que os atos atuais são geradores dos acontecimentos porvindouros, o crente esforça-se por manter-se fiel aos postulados que acalenta, sabendo que o sacrifício de agora será recompensado pelas alegrias porvindouras.

PORVINDOURO
futuro, vindouro

Investe no amanhã, sem se descurar de viver com intensidade o presente, que se lhe transforma em base da construção feliz a que se afervora.

AFERVORAR
apegar, ligar

Mesmo quando aturdido no nevoeiro das paixões, a fé apresenta-se-lhe como farol apontando os rumos que ele segue de forma consciente.

Sabe que a dificuldade de hoje é herança do passado, por isso investe esforços e perseverança, avançando para a harmonia de logo mais.

Aquele que não dispõe da certeza que a fé religiosa proporciona, facilmente se entrega ao imediatismo, temendo perder a oportunidade de gozar, em face da ameaça da destruição que a morte lhe parece consumar.

•

As quedas morais são também heranças dos instintos básicos e primitivos, que remanescem, retendo as suas vítimas nos labirintos da confusão e da hediondez.

Sutis, insinuantes, assim que aceitas, as quedas morais empurram o ser para abismos de paixões que devem ser evitados e superados, não se lhes dando guarida, seja qual for a justificação com que se apresente, escamoteando a proposta libertadora da verdade.

A fé segura é conquista intelecto-moral que luz para a plenitude do ser no processo de liberação das forças asselvajadas que o aprisionam nas defecções morais.

...

ESCAMOTEAR iludir, falsear, enganar

LUZIR dar luz, iluminar

ASSELVAJADO selvagem, violento

DEFECÇÃO fuga, deserção, rebelião, apostasia [apostasia: abjuração, mudança de religião; ato de abandonar um partido ou uma opinião]

A fé deve constituir a força e guiar para a conduta ética em todos os momentos da existência humana. O comportamento de quem crê difere, sem dúvida, significativamente, de forma a demonstrar essa convicção, porquanto, sem esse roteiro, o naufrágio emocional é inevitável.

12

VITÓRIAS

EPIRO
antigo país do Noroeste da Grécia, atualmente região da Grécia

MELANCOLIA
estado de grande tristeza e desencanto geral

NARRA-SE QUE PIRRO, REI DE EPIRO E HERÓI GREGO, MEDITAVA em seu palácio contemplando o mar. Acercou-se-lhe um general amigo que o acompanhara em muitas guerras e indagou-lhe a razão da melancolia refletida na face, ao que ele respondeu:

— Nasci para a guerra. Sou um constante lutador, cuja vida se desenvolve nos campos de batalha. A paz é-me tediosa e a incerteza do futuro dilacera-me...

Após uma pausa, prosseguiu:

— Desejo paz para o meu povo e bem-estar, após algumas batalhas que pretendo travar. De início contra Roma, conquistando-a e descendo pelas suas várias províncias até a Sicília, onde os pomares são abundantes... Depois, alongar-me-ei até a Macedônia e, após conquistá-la, darei o salto máximo na direção de Cartago e a submeterei...

ESPRAIAR
espalhar

O meu império se espraiará pelo Mediterrâneo até o norte da África, e depois volverei à pátria, descansarei e gozarei as vitórias, o luxo e o esplendor.

— Não conviria, então - redarguiu-lhe o amigo -, desfrutar das graças da deusa fortuna agora, quando tudo se encontra em harmonia, evitando a perda de incontáveis soldados, as dores da viuvez e da orfandade do povo?

— Esta paz é sem significado porque prenuncia guerra, já que o inimigo vigilante aguarda o momento para atacar-nos.

BELICOSO
guerreiro, briguento

Deve ser minha a iniciativa belicosa contando com a cooperação estratégica da surpresa.

E porque não fosse demovido do propósito guerreiro, armou colossal frota e rumou contra Roma. Travaram-se batalhas cruéis que pareciam não terminar. Os romanos defendiam os seus bastiões, e quando Pirro triunfou, os campos estavam juncados de milhares de cadáveres pertencentes a ambos os lados.

Contemplando o ermo, sombrio e truanesco, a vitória de Pirro, que ficaria célebre pelo seu pouco significado e alto preço de vidas, abriu espaços para outras sucessivas batalhas nas quais os exércitos inimigos de diversos países reagiram e o obrigaram a retroceder, sucumbido e destroçado.

A sua vitória não passou de terrível flagelo para os gregos que lhe abominaram a memória.

•

A insensatez arma o indivíduo de ferramentas destrutivas para agredir e malsinar os outros.

Suas vítimas estão sempre tomadas pelos sonhos alucinados de conquistas de espaços, de pessoas, de coisas, a fim de atender a vacuidade imensa que os aflige.

Sua vitória nunca passa de um pesadelo sombrio, assinalado pela vergonha e pelo opróbrio, pela miséria moral e pelo desprezo das gerações que o sucedem.

O ser humano é portador de grande complexidade de sentimentos e de sensações, de aspirações e de tormentos, a qual deve ser examinada em profundidade para que se travem as contínuas batalhas da libertação de tudo quanto o limita e o aflige.

DEMOVER
provocar (em algo ou alguém) a renúncia

BASTIÃO
torre vigia ou defesa, limite de território

ERMO
distante, deserto

TRUANESCO
pertencente ou relativo a truão; [idiota, estúpido]

SUCUMBIDO
moralmente abatido

MALSINAR
desejar o mal

VACUIDADE
vazio

OPRÓBRIO
extrema abjeção; a maior desonra; ignomínia; afronta, vergonha; infâmia, injúria

Em razão das heranças ancestrais que o jugulam às paixões, atormenta-se na cela estreita da ansiedade e estorcega; atemoriza-se ante o desconhecido e agita-se no cárcere dos medos que o destroçam; amargura-se na frustração que decorre dos vazios interiores, que não sabe como preencher...

À medida que o discernimento cresce e desata as aspirações de beleza e de liberdade, compreende que as batalhas a travar têm que acontecer nos campos íntimos, terçando armas contra as tendências infelizes e estabelecendo programas edificantes que o capacitem para a autorrealização.

As vitórias parecem atender as metas dos desassisados que despertam para a realidade tomados pela amargura e pelo vazio íntimo, enlanguescidos ou alucinados.

JUGULAR debelar, extinguir (uma revolta, uma epidemia); degolar, decapitar; assassinar; aprisionar, submeter

ESTORCEGAR retorcer

TERÇAR cruzar, lutar a favor

DESASSISADO sem siso, despreocupado, leviano

ENLANGUESCER fraquejar, empreguiçar

•

Quando a criatura se dá conta da sua imortalidade e das infinitas possibilidades que lhe estão ao alcance, trabalha para autovencer-se e autorrealizar-se.

Conquistando, palmo a palmo, o terreno minado pelos vícios e pelas paixões primitivas, enquanto coloca os ideais de harmonia e de beleza, constrói-se interiormente, logrando a vitória plena – aquela que dilui o mal nele existente e instala o bem que permanecerá sobranceiro.

Sem qualquer discussão, a existência humana é uma batalha contínua que deve ser travada na consciência e nos atos, proporcionando harmonia sem jaça e bem-estar sem interrupção.

A vitória real é sempre aquela que o homem consegue sobre si mesmo. Para esse desiderato reencarna-se e ruma na direção do Supremo Bem.

SOBRANCEIRO que fica superior a outro; dominante; elevado; proeminente

JAÇA sujeira, imperfeição

DESIDERATO fim, finalidade

•••

A vitória real é sempre aquela
que o homem consegue sobre
si mesmo. Para esse desiderato
reencarna-se e ruma na direção
do Supremo Bem.

13

LIBERTAÇÃO PELO AMOR

FANAL
objetivo, fim

LOGRAR
desfrutar, fruir, gozar, obter, possuir, conquistar, conseguir

PLÂNTULA
primeira germinação, início da vida após a semente

CLAUSTRO
limite (convento, vida monástica)

MOTRIZ
que impulsiona, motiva

DESVANECER
perecer, enfraquecer, morrer

INARMONIA
em confusão, turbilhão, sem harmonia

O HOMEM QUE MARCHA SEM UM FANAL DEFINIDO FACILMENTE cai nas armadilhas da insensatez e do desconhecido.

A proposta existencial da Vida é a conquista da perfeição, que somente se logra após cuidadosa programação consciente.

A princípio, automaticamente, qual a débil plântula que arrebenta o claustro da semente atraída pela luz, posteriormente são exigíveis cuidados para que atinja o objetivo do crescimento e da abundância de flores, de frutos, de outras sementes.

O Espírito reencarna-se conduzindo os conteúdos-experiências anteriores que lhe facultam destroçar a concha do primarismo, atraído pela força motriz que se espraia no Universo.

Logo depois, à medida que a consciência se desenvolve e dá-se conta da própria realidade, a definição de objetivos se lhe torna essencial, sem o que se desorienta e aflige.

Passam as multidões aturdidas pela exaltação dos sentidos físicos, por faltarem ideais de orientação que concedam harmonia e segurança de conduta.

O vazio existencial pela desmotivação de resultados valiosos permanece buscando preenchimento com ilusões, que logo se desvanecem, mais amargurado.

Como consequência, uma alucinação pelo poder para gozar, substitui o lutar para ser, deixando os espaços emocionais em inarmonia, porque não conseguem esses valores que se armazenam e entulham sem sentido, sem significação.

A presença de um ideal na mente emocionando o coração delineia uma jornada feliz, cujo preço de sacrifício e de luta é compensado pelo bem-estar do que se executa.

•

O ser humano está destinado à sublimação de si mesmo.

Há uma perfeita característica de diferenciação entre o que eleva e aquilo que retarda o avanço do progresso.

O prazer que desgasta, filho espúrio das paixões primevas, herança dos instintos básicos do ser animal, significa estágio que retarda o despertar da consciência.

O prazer estético que dulcifica e emula ao amor, inspiração que verte do Alto e atrai para mais eloquentes realizações, representa a luz libertadora.

Tudo quanto ensombra os sentimentos, embora agradável na sua apresentação, possui o combustível mortal que detona a aflição.

Quanto estimula sem inquietar e harmoniza durante a realização é pauta ascensional para a plenitude.

Pelo contrário, aquilo que enlanguesce promove ansiedade que não se acalma, representa fixação nos dédalos do primitivismo.

O ideal de alcançar uma realização enobrecedora, seja qual for a maneira como se expressa, torna-se o móvel edificante para a existência feliz.

Para que surja essa realidade e se desenvolva, somente o discernimento da estrutura da vida pode definir.

Por isso, o conhecimento da imortalidade torna-se fator preponderante para o mister.

As conquistas transitórias deixam o coração suspenso porque se sucedem em caleidoscópio de variada expressão.

De começo, constituem motivação, porque ferem os sentidos e despertam a competitividade, para logo depois ceder o passo a ambições maiores, menos táteis.

•

SUBLIMAÇÃO
purificação, elevação, ato de tornar sublime, superior

ESPÚRIO
bastardo, degenerado

PRIMEVO
primitivo

DULCIFICAR
torna doce

EMULAR
estimular

ELOQUENTE
que revela expressividade; persuasivo, convincente

ENSOMBRAR
obscurecer

ENLANGUESCER
enfraquecer, debilitar-se, perder as forças, tornar-se lânguido; abater-se, afrouxar

DÉDALO
labirinto

MISTER
trabalho, serviço

CALEIDOSCÓPIO
aparelho óptico formado por um tubo de cartão ou de metal, com pequenos fragmentos de vidro colorido que se refletem em pequenos espelhos inclinados, apresentando, a cada movimento, combinações variadas e agradáveis; o que se assemelha a um calidoscópio, pela variabilidade do aspecto

TÁTIL
passível de se tatear ou tocar

Reserva-te o amor como o objetivo essencial da tua existência, trabalhando as metas que felicitam os seres e empenhando-te pela autoiluminação e pela autodoação.

O propósito sério e digno da tua atual experiência seja o da tua transformação moral para melhor, libertando-te de tudo quanto representa sombras e degradação.

AFORMOSEAR dar formosidade, beleza

Mantém o esforço de alcançar a meta, aformoseando-te interiormente para amar e irradiar o amor.

...

Reserva-te o amor como o objetivo
essencial da tua existência,
trabalhando as metas
que felicitam os seres
e empenhando-te
pela autoiluminação
e pela autodoação.

14

VIVER COM PACIÊNCIA

A PACIÊNCIA PODE SER CONSIDERADA UMA VIRTUDE DO SENTImento, como conquista do Espírito no seu processo de amadurecimento interior.

Etapa a etapa vai instalando-se nos recessos do ser, em razão de compreender que tudo obedece a um processo ordeiro e crescente, mediante o qual se alcançam os patamares mais elevados da evolução.

A princípio, expressa-se como resignação diante das ocorrências menos felizes, qual ocorre quando sucessos positivos se desenham e devem ser aguardados sem precipitação perturbadora.

A paciência sabe esperar o momento próprio, firmada na irrestrita confiança em Deus, inegavelmente o Sublime Árbitro de todos os acontecimentos difíceis que se manifestam como lutas desafiadoras.

A sua atitude é edificante e caracterizada pela forma como conduz a criatura que, no entanto, não se acomoda nem anui com tudo aquilo que deve ser enfrentado e pode apresentar-se de maneira afligente.

ANUIR concordar

Possui um caráter dinâmico, sempre estimulador, nunca abrindo espaço para a instalação do desespero ou do desânimo enfermiço.

A paciência harmoniza e faculta inspiração para a tomada de atitude ante os desafios, enquanto fortalece o ser em relação aos resultados de qualquer enfrentamento, especialmente quando não sejam com caráter de regozijo.

REGOZIJO felicidade

O indivíduo paciente não é aquele que se submete às circunstâncias desagradáveis porque lhe falece a coragem para lutar.

Antes, pelo contrário, é portador de valor moral para impulsionar na conquista das metas nobres, mesmo quando aparentemente se encontram distantes ou inalcançáveis.

A paciência projeta o seu campo de expressão, aguardando com dignidade moral e nunca se perturbando.

Dependendo de treinamento, engrandece-se em cada fase da sua vigência, ampliando o tempo de predomínio até se tornar uma faculdade da alma que chega à plenitude.

•

A paciência aguarda e não reclama.

A paciência é gentil e enriquecedora.

A paciência é bênção que conforta, apoiando-se na certeza do triunfo após a vicissitude.

VICISSITUDE sofrimento, prova

A paciência mantém-se sóbria discretamente.

A paciência não censura nem injuria; não revida mal por mal nem se ensoberbece, porque inspira humildade ante a grandeza da vida.

ENSOBERBECER orgulhar, julgar-se maior

A paciência é também uma forma de caridade para quem a cultiva e para aquele a quem é direcionada.

A paciência, na sua fragilidade, é força que restaura e desenvolve a vida.

•

Pacientemente, todas as formas vivas crescem, molécula a molécula, avolumando-se e alcançando no momento hábil a sua máxima finalidade.

A natureza altera-se mais no transcurso do tempo lento, do que mediante os fenômenos sísmicos de grande porte.

SÍSMICO relativo a sismo [tremor de terra, terremoto]

O Universo expande-se; as galáxias agigantam-se e consomem-se ante o inexorável passar dos milhares de séculos, dando lugar a outras que surgem, em incessantes modificações cósmicas.

INEXORÁVEL
implacável, rígido

A paciência de Deus a tudo comanda perpetuando a Sua criação.

Paciência é vida em desdobramento.

Jesus fez-se o modelo da paciência. Pôncio Pilatos, o da covardia; Anás e Caifás, o da pusilanimidade...

PUSILANIMIDADE
fraqueza, covardia

Sabendo que o amigo O traía, Jesus entregou-se à oração e aguardou que se cumprissem as determinações do Pai. Não antecipou o processo infame, não fugiu dele, permanecendo estoico e tranquilo até o momento final, esperando paciente a ressurreição gloriosa, a fim de demonstrar-nos que a liberdade excelsa somente se manifesta após a disjunção da roupagem orgânica no silêncio do túmulo.

ESTOICO
[austero] relativo ao estoicismo, aquele que o pratica [estoicismo: sistema filosófico, cujo fundador foi Zenão de Cítio (Chipre), filósofo grego (342-270 a.C.), que aconselha a indiferença e o desprezo pelos males físicos e morais; rigidez de princípios morais; austeridade]

...

A paciência é também uma forma
de caridade para quem a cultiva
e para aquele a quem
é direcionada. A paciência,
na sua fragilidade, é força que
restaura e desenvolve a vida.

15

ENREDAMENTOS PERIGOSOS

TODA A OBRA DO BEM, NO DELINEAMENTO DE PROPÓSITOS, É nobre e transcendente, esmaecendo, porém, quando se corporifica mediante a ação humana.

Sensibilizado pelos ideais de engrandecimento espiritual, o indivíduo emociona-se e procura entregar-se completamente, sonhando em tornar-se instrumento da inspiração superior e, às vezes, consegue-o.

No entanto, porque é Espírito em rudes provas, embora os sentimentos que o animam, imprime as dificuldades pessoais, colocando sombra e empeços no labor a que se entrega.

Assim sendo, é compreensível que defrontemos no trigal dourado o escalracho infeliz, e na claridade do dia triunfante a nuvem carregada de sombras a impedir-lhe a irradiação da luz.

A Terra ainda não é o *habitat*, mas o educandário de homens e mulheres em lutas interiores, tentando arrancar a ganga externa para que brilhe a gema pura que lhe jaz no interior aguardando o momento de desvelar-se.

Valioso e digno de encômios esse esforço hercúleo pela autossuperação, quando se constata o expressivo número daqueles que se escravizam aos comprometimentos torpes quão criminosos, que lhes exigirão oportuna reparação penosa.

O Senhor da Vinha não aguarda que venham cooperar com Ele os trabalhadores destituídos de mazelas ou imperfeições, pois que esses são raros, por isso aceita todos quantos despertam para a Sua mensagem e dispõem-se a servi-lO.

•

ESMAECER enfraquecer

EMPEÇO obstáculo

LABOR trabalho

ESCALRACHO gramínea vivaz, infestante

GANGA matéria mineral rochosa ou terrosa inútil, que ocorre junto com o minério metálico ou outros minérios valiosos de um filão, jazida ou pedra preciosa

GEMA qualquer pedra preciosa

JAZER encontrar

ENCÔMIO aplauso, elogio, gabo, louvor, panegírico

HERCÚLEO que pertence ou se refere a Hércules; que tem ou revela força extraordinária; robusto; valente

TORPE infame, desonesto

Jesus conhecia a fraqueza moral de Pedro, todavia convidou-o para o banquete da Boa Nova.

Francisco Bernardone vivia uma existência frívola e atormentada; apesar disso, doou-se e, superando-se, tornou-se Sol medieval a clarear o futuro da humanidade.

FRÍVOLO
leviano, inútil

Maria de Magdala, mesmo depois de O seguir, não ficou livre da suspeita nem da crítica severa do grupo no qual se movimentava.

Jesus aceitou-os a todos e transformou-os com o tempo em pilares da Sua doutrina.

Descobrir o lírio no pantanal e a estrela além da tormenta constitui desafio para quem se candidata ao crescimento interior.

Nesse mister, surgem enredamentos perigosos que complicam a marcha e dificultam a ascensão dos obreiros.

MISTER
trabalho, serviço

Dentre outros, a censura mórbida, constante, e a intriga perversa intoxicam as melhores intenções e asfixiam muitos ideais em desenvolvimento.

MÓRBIDO
enfermo, doente, descabido

São responsáveis pela crueldade da destruição de obras abençoadas e de esforços relevantes que são vencidos.

O cupim perseverante vence a madeira que sucumbe ao seu trabalho insensível.

SUCUMBIR
cair sob a força de

Assim é a ação da maledicência impiedosa e insistente.

Para romper-se essa rede constritora, é necessário que o amor se compadeça do vigia dos atos alheios sempre pronto a zurzir o látego, como se fosse inatacável.

CONSTRITOR
opressor

ZURZIR
chibatar, fazer zunir

LÁTEGO
chicote

•

CONTUMAZ obstinado, insistente

CONTUMAZ [inveterado]

Não te deixes contaminar pelo pessimismo nem pela censura contumaz que te tragam ao coração.

Tem paciência e dá-te conta que o acusador gratuito não ama, não coopera, apenas cria embaraços.

Ajuda em silêncio e confia em Deus, fazendo a tua parte da melhor forma ao teu alcance.

É mais valioso que o teu próximo esteja tentando agir bem e auxiliar, apesar dos erros que comete, do que se estivesse no outro lado, entre os desequilibrados que aguardam a tua ajuda.

Viver em harmonia em um meio social - seja qual for, já que em todos eles existem dificuldades a vencer - constitui desafio para a evolução.

Ampara, portanto, o teu irmão que pensa em ser útil e ainda não o consegue, ao invés de hostilizá-lo, de combatê-lo, de semeares espinhos por onde ele segue ou levá-lo a julgamento público arbitrário pelos contumazes desocupados que se contentam em demolir.

...

Descobrir o lírio no pantanal
e a estrela além da tormenta
constitui desafio para quem se
candidata ao crescimento interior.
Não te deixes contaminar pelo
pessimismo nem pela censura
contumaz que te tragam
ao coração.

16

DIVULGAÇÃO PELOS ATOS

O VERBO FLAMÍVOMO E ARREBATADOR ENTRETECERÁ CONSIDE-rações incomparáveis a respeito do Bem; no entanto, será o exemplo silencioso de renúncia e de dedicação que cimentará o trabalho de edificação enobrecedora.

Páginas brilhantes serão escritas a respeito da excelência do *Evangelho*; todavia, a conduta equilibrada do indivíduo demonstrá-la-á com segurança, abrindo espaço para a fraternidade e o amor.

Conceituações claras, carregadas de lógica e de bom senso, serão apresentadas às assembleias atentas; entretanto, o comportamento do expositor representará o peso mais importante para selar a legitimidade dos enunciados.

Debates vigorosos conseguirão demonstrar a pujança da palavra de Jesus e a racionalidade de Allan Kardec; mas, a ação da caridade, e somente ela, confirmará o seu elevado conteúdo.

Todos os textos elaborados com inteligência sobre o espiritismo conseguem despertar o interesse dos neófitos; porém, será sempre a lição viva de gentileza e paciência que lhe demonstrará a irrestrita confiança em Deus, que todos devem manter.

Os cursos de esclarecimento e as técnicas de ensino aplicados à divulgação do pensamento espírita têm o poder de orientar e despertar consciências; todavia, a vivência desses postulados pelos que os enunciam demonstrará que são portadores de força moral transformadora.

•

FLAMÍVOMO ardoroso, vivaz

PUJANÇA grande força; vigor, robustez

NEÓFITO recém-admitido, principiante, noviço

SOFISTA [que emprega sofismas] pessoa que argumenta sofismando; entre os antigos, filósofo que ensinava a arte da eloquência [sofisma: raciocínio capcioso, feito com intenção de enganar; argumento ou raciocínio falso, com alguma aparência de verdade]

SILOGISTA [que emprega o silogismo] termo filosófico com o qual Aristóteles designou a argumentação lógica perfeita, constituída de três proposições declarativas que se conectam de tal modo que a partir das duas primeiras, chamadas premissas, é possível deduzir uma conclusão; a teoria do silogismo foi exposta por Aristóteles em *Analíticos anteriores*

A humanidade tem conhecido admiráveis oradores e hábeis quão cultos escritores, sofistas e silogistas bem equipados mentalmente, pensadores eméritos que vêm apresentando teses revolucionárias e propostas salvacionistas, roteiros de libertação e fórmulas de engrandecimento moral; no entanto, o tempo os tem esboroado, porque os seus autores apenas ensinaram, instruíram, propuseram, mas não se impregnaram deles, a que tanto se referiam, sucumbindo no desespero... É lamentável que muitos homens e mulheres, aparentemente convencidos da imortalidade do Espírito e da vida futura, ajam e comportem-se de maneira totalmente contrária...

Agridem-se, espezinham-se e aos demais, censurando, amaldiçoando, hostilizando-se reciprocamente em atitudes infelizes que desmentem as palavras que direcionam aos outros em nome da doutrina que dizem esposar.

São ainda características da natureza humana a dubiedade, como também a dicotomia entre a palavra e a ação, o ensinamento e a conduta, o que vem dificultando o progresso de cada qual e da humanidade em geral.

•

Quem encontra o Mestre e reflexiona nos Seus ensinos não mais age como antes.

Jesus é um divisor de águas e de condutas.

Ninguém pode permanecer indiferente ao Seu mimetismo, à Sua penetração emocional.

O espiritismo, restaurando-Lhe o pensamento e atualizando-o, é poderoso agente transformador que modifica o ser em profundidade.

SOFISTA
[ver pág. anterior]

SILOGISTA
[ver pág. anterior]

EMÉRITO
muito experiente e prestigiado

ESBOROAR
reduzir a pequenos fragmentos; desfazer(-se), desmoronar(-se), esbarrondar(-se)

SUCUMBIR
ceder, entregar-se

ESPEZINHAR
humilhar, rebaixar

DUBIEDADE
qualidade do que é dúbio (sujeito a diferentes interpretações); ambiguidade

DICOTOMIA
dúvida entre duas alternativas

MIMETISMO
[atração, poder de identificação] capacidade que têm certos animais e plantas de adaptar-se à cor do ambiente ou de outros seres ou objetos, para passarem despercebidos de seus inimigos ou vítimas; mania de imitação; disfarce

Vivê-lo sem retoques, trabalhando-se sem cessar, constituem o desafio do momento para todo aquele que travou contacto com a sua lição libertadora.

Enquanto permaneça a diferença no nível científico-tecnológico com o moral, o adepto do espiritismo tornar-se-á o exemplo que define a eloquência da sua convicção, ante os postulados abraçados.

Divulgação pelos atos é a palavra de ordem no báratro dos conceitos estúrdios e das doutrinas confusas que pretendem retratar Jesus e solucionar os problemas humanos, desequipados da lógica e da razão, incapazes de enfrentar o bom senso e a experimentação científica.

...

ELOQUÊNCIA capacidade de expressar-se com desenvoltura; expressividade

BÁRATRO voragem, abismo, cova profunda; o inferno; abismal

ESTÚRDIO estouvado, inconsiderado; esquisito, estranho, fora do comum; indivíduo leviano

Quem encontra o Mestre
e reflexiona nos Seus ensinos
não mais age como antes. Jesus
é um divisor de águas e de
condutas. Ninguém pode
permanecer indiferente
ao Seu mimetismo, à Sua
penetração emocional.

17

DIANTE DA ANGÚSTIA

A AUSÊNCIA DE OBJETIVOS EXISTENCIAIS CONDUZ O INDIVÍDUO à conceituação do nada como um mecanismo de fuga da realidade.

Kierkegaard, o eminente teólogo e filósofo dinamarquês, estabeleceu que a ausência de sentido da vida conduz à angústia, procedendo do nada e vivenciando realidades para o futuro. Essa ambiguidade entre o nada e o ser leva a uma irracionalidade da sua existência metafísica e à expressão absurda da vida.

Essa conceituação abriu espaço para formulações variadas na área da filosofia, facultando aos existencialistas, através do pensamento de Sartre, que a considerava como sendo uma expressão de liberdade, consequência da falta de objetivos essenciais. Igualmente os sensualistas têm-na como ausência de metas, o absurdo, produzindo resultados de aniquilamento da vida, como pensava Camus e todo um grupo de apologistas do prazer.

Sob o ponto de vista psicológico, a angústia resulta de vários fatores ancestrais, que podem possuir uma carga genética que imprimiu no comportamento a patologia perturbadora.

Outros impositivos psicossociais como perinatais influenciam a conduta angustiante, levando à depressão profunda, que pode resultar em suicídio.

A fixação de pensamentos negativos em que o homem se compraz termina por gerar conflitos graves quando se nega autoestima e o direito à felicidade, vivencia a autocomiseração, tombando na revolta surda e silenciosa que cultiva nos dédalos da personalidade conflitiva.

EMINENTE
que se destaca por sua qualidade ou importância; excelente, superior

AMBIGUIDADE
incerteza; que tem (ou pode ter) diferentes sentidos

METAFÍSICA
relativo a tudo fora da matéria, espiritual

EXISTENCIALISTA
relativo aos interesses exclusivamente materiais

SENSUALISTA
relativo ao prazer sensual

APOLOGISTA
defensor, propagador

PATOLOGIA
doença, enfermidade; desequilíbrio

PERINATAL
durante a gestação

COMPRAZER
gozar, fruir

AUTOCOMISERAÇÃO
autocompaixão

DÉDALO
rodeio confuso de caminhos, labirinto; confusão, complicação, enredo

Entretanto, as raízes fortes da angústia encontram-se emaranhadas no passado de culpa do Espírito, que reconhece o erro e teme ser descoberto.

Envolve-se, sem se dar conta, num manto sombrio de desconforto moral, e, sem ter consciência da sua realidade, compreende-a, mas não sabendo digeri-la, transforma-a em mortificação, em cilício que o amargura.

CILÍCIO
autopunição

Faltando valores morais para um enfrentamento lúcido com a realidade em que limita os movimentos, transfere o sentido de responsabilidade para o próximo, para a sociedade, e descarrega a sua mágoa, rebelando-se, anulando-se.

LÚCIDO
racional; consciente

•

A angústia é estado mórbido que deve ser combatida na sua causalidade.

MÓRBIDO
doente, enfermiço

A reflexão em torno dos valores que são desconsiderados, a introspecção sobre a oportunidade de despertamento para ser útil, o sentimento de fraternidade que deve ser despertado contribuem positivamente para o tratamento libertador...

A ajuda especializada de terapeuta responsável enseja o desalgemar do Espírito desse amargo estado aflitivo, acenando possibilidades felizes que se transformam em bem-estar e saúde.

Não raro, o portador de angústia cultiva o masoquismo, que resulta de uma conduta egoísta, graças ao que, mediante mecanismo psicológico especial, foge da realidade por necessidade de valorização pessoal.

MASOQUISMO
adepto da autoflagelação, inflige-se a dor

Ante a ausência de recursos positivos e superiores, recorre ao atavismo dos instintos primários e descamba na torpe angústia.

ATAVISMO
herança

Diante dela, somente uma resolução firme e legítima para facultar abertura terapêutica para o desafio.

Não havendo interesse do paciente, é certo que mais difícil se torna a liberação da psicopatologia tormentosa.

PSICOPATOLOGIA patologia (doença) psíquica

•

Considera a bênção da oportunidade que desfrutas e espanca as sombras da tristeza que periodicamente te assaltam.

ESPANCAR afastar, distanciar

Evita acumular amarguras defluentes da queixa, da sensação de infelicidade, e trabalha-te, a fim de que o teu amanhã se apresente menos tenebroso.

DEFLUENTE resultante

Hoje colhes, enquanto fruis o ensejo de ensementar.

ENSEMENTAR semear

Busca ser útil a alguém, mesmo que aparentemente nenhum objetivo se te delineie de imediato.

Sempre há oportunidade, quando se deseja crescer e desenvolver os valores latentes.

LATENTE oculto

Jesus informou que Ele é vida, e vida em abundância.

Recorre-Lhe à ajuda, e deixa-te curar pela Sua assistência de Psicoterapeuta por excelência.

•••

Considera a bênção da
oportunidade que desfrutas
e espanca as sombras da tristeza
que periodicamente te assaltam.
Busca ser útil a alguém, mesmo
que aparentemente nenhum
objetivo se te delineie de imediato.
Sempre há oportunidade,
quando se deseja crescer e
desenvolver os valores latentes.

18

FAMA

NA MITOLOGIA ROMANA, FAMA ERA FILHA DA TERRA E ATENDIA as determinações de Júpiter a fim de executar as tarefas de divulgação, inclusive as menos nobres como os boatos.

Possuía muitos olhos, orelhas e línguas, assim como penas, conforme a representa Virgílio, a fim de atender as necessidades voluptuosas a que se entregava.

Noutras representações aparece com uma trombeta, tocando-a.

Possivelmente, da sua figura algo esdrúxula e grotesca derivou-se a configuração personalista do ser humano na busca de notoriedade, de exibição, de consequências quase sempre lamentáveis.

Os muitos olhos e línguas impunham à figura mítica tormentos constantes, por abarcar horizontes múltiplos e desejar consegui-los, enquanto emitia muitas vozes desesperadas que expressavam insatisfação, numa cruel ansiedade por tudo poder, alcançando as cumeadas da exibição e da insaciabilidade.

A fama é coroa que o êxito impõe aos triunfadores.

Normalmente, no passado, o coroamento dos heróis e dos vencedores fazia-se com folhas de louro, que foram substituídas pela vaidade do poder temporal por lâminas de ouro, representando-as, culminando em grandiosos adornos com gemas preciosas e metais nobres para cingir reis, príncipes e papas, guerreiros e vencedores nas disputas de toda a natureza.

Porque pesadas algumas, pelo exagero da ambição dos seus possuidores, com o tempo vergavam-lhes as cabeças e tombavam, arrebentando-se no solo...

A fama exalça o personalismo e mitifica a realidade, impondo vestiduras de invencibilidade ao ser, de eterna juventude, de poder inigualável, de destaque permanente...

VOLUPTUOSO que aprecia ou procura os prazeres dos sentidos

CUMEADA topo, ápice, altura

INSACIABILIDADE insaciável, sem limite

GEMA pedra preciosa

CINGIR coroar [cercar, rodear, prender, cobrir], por ao redor da cintura

EXALÇAR engrandecer, exaltar

MITIFICAR transformar em mito

VESTIDURA tudo o que cobre, reveste; manto, revestimento

Porque a vida terrestre é formada por elementos transitórios, a fama de um dia transforma-se em amargura no outro, e o abandono dos seus apaniguados impõe alucinação àquele que triunfou por um momento e desceu do pódio para cedê-lo ao competidor que o substitui...

Após a fama, o olvido cruel, e durante a sua vigência, o conflito que se deriva das contradições existentes entre o ídolo que parece e o ser que é famoso, forte, e o indivíduo frágil, ao lado da guerra que é obrigado a enfrentar, promovida pelos adversários doentios da sua ilusória honraria.

A fama esfuma-se com facilidade após embriagar, gerando condicionamentos morbíficos de difícil libertação.

Desfilam, no carro da fantasia, os famosos de todas as espécies que logo se amarguram ante as perspectivas daqueloutros que os seguem empós, ambiciosos e desesperados...

•

Se elegeste a diretriz de Jesus-Cristo para tua existência, vive em consonância com as Suas propostas libertadoras.

A fama escraviza, enquanto a Sua mensagem plenifica.

Mantém-te em paz com a consciência, sem te permitir as disputas equivocadas para desfrutar de posições de relevo, de situações especiais, de vanglórias.

Não te seja lícito fugir da luta necessária à elevação moral, no entanto evita o destaque perturbador que te expõe aos camartelos das dispensáveis conquistas relevantes.

Jesus permitiu-Se a coroa de espinhos, não sendo compreensível que os Seus discípulos disputem aquelas ajaezadas de pedrarias preciosas que não exornam de paz o espírito.

APANIGUADO
afilhado, favorecido, protegido; aderente, sectário

OLVIDO
esquecimento

ESFUMAR
desvanecer, dissipar, apagar

MORBÍFICO
pestilento, podre, fedorento

EMPÓS
após, depois

CONSONÂNCIA
concordância, acordo, conformidade

CAMARTELO
[picareta] grande martelo com gume ou ponta em uma das extremidades, usado para desbastar pedras; instrumento de demolição

AJAEZADO
enfeitado, bem arreado (o cavalo); adereçado

EXORNAR
ornar muito; enfeitar, ataviar, engalanar

Não te isentes dos enfrentamentos que a existência te impõe no programa da evolução, tampouco te imponhas o recebimento da gratidão das massas, do destaque na sociedade...

Quanto mais famoso se é, tantos mais desafios se apresentarão perturbadores.

MME. madame, senhora

Mme. Curie, quando se tornou a primeira mulher a ser agraciada com o Prêmio Nobel, ficou famosa, e os seus admiradores ociosos desejavam-na em toda a parte, obrigando-a a declarar com ênfase: "Deixem-me trabalhar", vindo a conquistar a láurea por segunda vez, mergulhada nas pesquisas que a imortalizaram.

LÁUREA homenagem, prêmio

Quando inquiriram ao Mahatma Gandhi qual era a mensagem que tinha para a humanidade, respondeu com simplicidade: "Minha vida é a minha mensagem", recusando-se à fama que exige submissão aos caprichos humanos.

Madre Teresa de Calcutá, perseguida pelos insensatos que lhe desejavam exaltar a existência, declarou: "Eu sou um lápis na mão de Deus", e deixou que Ele escrevesse por seu intermédio a imorredoura página da caridade luminosa.

Certamente se tornaram famosos, no entanto permaneceram simples e bons, discretos e corajosos como no início do ministério que abraçaram.

•

Poupa-te às dores excruciantes da fama inconsequente, seguindo em paz de espírito.

EXCRUCIANTE profundo, perturbador

Desvia-te da fama, cuidando para não escorregar na rampa que leva ao topo como também ao fosso...

Seja a tua satisfação a honra de realizar o melhor, anônimo ou não, porém simples e puro de coração, de forma que o hino do amor cante na tua ação do bem.

Ninguém que alcançasse a notoriedade de Jesus-Cristo, apesar disso, ninguém que se haja entregado tanto quanto Ele, sofrendo tão rude e demorada perseguição que se arrasta por quase vinte séculos...

Seja a tua, a fama que se origina silenciosamente na honra e glória de servir, iluminando consciências para Ele.

•••

Poupa-te às dores excruciantes
da fama inconsequente, seguindo
em paz de espírito. Desvia-te
da fama, cuidando para não
escorregar na rampa que leva
ao topo como também ao fosso...
Seja a tua, a fama que se origina
silenciosamente na honra
e glória de servir, iluminando
consciências para Jesus.

19

BATALHA ÍNTIMA

NO COMPORTAMENTO CONVENCIONAL, O INDIVÍDUO FORRADO de propósitos de triunfo existencial entrega-se ao labor de preparar-se para os empreendimentos a que se arroja. Estuda com afinco, porque aspira à glória que exorna a personalidade com os louros da exaltação. Enfrenta obstáculos que derruba com estridor. Descobre adversários e competidores que o ameaçam e envida esforços para derrotá-los. Quando apaixonado, entrega-se a batalhas intérminas, esfalfando-se por impor as suas ideias e anseios mesmo que a prejuízo dos demais.

Conseguida a meta, entrega-se ao deleite, ao prazer do ego, sem qualquer sentimento de pesar pela forma como alcançou o destaque.

Tendo em mente o seu objetivo, mesmo que seja portador de caráter saudável, a visão materialista não lhe permite compreender que os meios utilizados não foram os mais corretos.

Saulo, por exemplo, galgou os degraus do poder, a pouco e pouco, erguendo a adaga para ferir todos quantos se lhe apresentavam na condição de adversários, incluindo os seguidores de Jesus, aos quais perseguiu com impiedade e a alguns assassinou, consciente de que realizava o melhor para a sua raça, a sua religião e a sua sociedade.

Francisco Bernardone, embora o sentimento de doçura de que era portador, não trepidou em desfrutar dos favores da fortuna e, ambicionando as glórias da cavalaria, duas vezes candidatou-se à guerra, perseguindo o triunfo mundano.

Gandhi, através da advocacia, lutara pela conquista da fortuna, na África do Sul, esforçando-se pela própria realização humana e social, indiferente ao *apartheid*, que malsinava as raças não brancas, humilhando-as e perseguindo-as.

LABOR trabalho

ARROJAR lançar, jogar

EXORNAR envolver, adornar

ESTRIDOR ruído alto

ENVIDAR empenhar, aplicar

ESFALFAR cansar(-se), fatigar(-se), extenuar(-se)

GALGAR transpor, superar

TREPIDAR duvidar, hesitar

APARTHEID política de segregação racial adotada pela República Sul-Africana, desde 1948 até 1995, entre seus habitantes, a qual objetivava o predomínio pleno de brancos sobre negros, mestiços e minorias de origem asiática

MALSINAR manchar, desejar o mal

São incontáveis aqueles que anelam pela felicidade e empenham-se pelo conseguir, utilizando-se dos recursos exteriores a fim de se impor.

ANELAR
aspirar, desejar intensamente

Se atingem a cumeada que os deslumbra, defrontam o poder, e fruem-no, a glória, e gozam-na, a bajulação, e comprazem-se, não poucas vezes, vitimados pelo tédio, consumidos pelo esvaziamento dos objetivos.

CUMEADA
topo, alto

COMPRAZER
ter prazer, gozo

Conseguido aquilo a que aspiravam, cessam as motivações para a luta sôfrega, a que se entregavam, agora cansados embora triunfadores...

SÔFREGO
sem descanso

•

Ninguém alcança a realização plena sem experienciar o autoencontro.

Nas propostas superiores da vida a que alguém se oferece, o combate externo cede lugar à conquista de obstáculos e não à luta contra eles; à autoiluminação, ao invés da submissão dos outros; à harmonia dos sentimentos, ao invés de sobrepor-se dominante; à batalha interior para libertar-se das paixões dissolventes, em detrimento da imposição para a transformação moral das demais pessoas...

A luta íntima é uma constante naquele que se dá conta da imortalidade e descobriu que a sucessão dos acontecimentos leva inevitavelmente à autoconsciência. Introjetando essa convicção, transforma-a em atos de enobrecimento, espalhando paz em razão de possuí-la, tornando-se exemplo digno de ser seguido.

INTROJETAR
incorporar, interiorizar

•

INJUNÇÃO
imposição, pressão

ESCUSAR
desculpar, recusar

Saulo tornou-se Paulo, o servidor de todos, submetendo-se às injunções decorrentes da sua aceitação de Jesus. Nada o deteve. Nunca mais se escusou. Prosseguiu com os olhos postos no futuro da Mensagem e entregou-se em totalidade.

Francisco renunciou às metas anteriores depois de ouvir o chamado e cimentou a existência com renúncia, abnegação e devotamento sem igual depois de Jesus.

IMOLAR
dar-se em sacrifício

Gandhi, humilhado, descobriu o ideal de servir, tornando-se o exemplo de não violência, dedicando-se à libertação política de centenas de milhões de vidas, sendo imolado pelo ideal do amor ao próximo...

PÓSTERO
que vem após, herdeiro, descendente

Muitos outros lutadores em diferentes áreas de serviço, encontrando a meta enobrecedora, alteraram de forma definitiva o comportamento, e nada mais viram ou fizeram que os desviasse do caminho, deixando pegadas de incomparável beleza para os pósteros.

A luta íntima passa despercebida da multidão que aplaude e apedreja com a mesma facilidade. Não obstante, enriquece o combatente, vitalizando-o e libertando-o de todo o mal.

•••

A luta íntima é uma constante naquele que se dá conta da imortalidade e descobriu que a sucessão dos acontecimentos leva inevitavelmente à autoconsciência. Introjetando essa convicção, transforma-a em atos de enobrecimento, espalhando paz em razão de possuí-la, tornando-se exemplo digno de ser seguido.

20

ALIMENTO DA ALMA

MAQUINARIA
conjunto de órgãos, corpo físico

ACEPIPE
guloseima, iguaria delicada e apetitosa, petisco, pitéu

ASCETA
indivíduo que se dedica por completo aos exercícios espirituais, mortificando o corpo; anacoreta, eremita, ermitão

MANJAR
comida deliciosa, jantar requintado

REPASTO
refeição habitual

MANSUETUDE
mansidão, docilidade

MISTER
resultado

METABOLISMO
movimento interno

A PERSEVERANÇA DA MAQUINARIA ORGÂNICA DEPENDE DE VÁRIOS fatores, dentre os quais a nutrição que resulta dos alimentos.

O gastrônomo busca acepipes especiais e exóticos, quando se sente saturado pelo habitual, a fim de fruir prazeres e gozos que se derivam do paladar.

O asceta renuncia aos manjares, reduzindo a alimentação ao mínimo possível, inclusive gerando problemas para o organismo que passa a ser mantido pela energia mental.

O homem comum procura o repasto muitas vezes sem orientação dos valores nutrientes que o preservam, derrapando em sobrecargas desnecessárias, que acumulam gorduras excedentes e prejudiciais.

Bem poucas pessoas, no entanto, conseguem manter uma dieta saudável, alimentando-se para viver, quando a expressiva maioria vive para alimentar-se...

O alimento é fonte de vida, nutre a forma e sustenta o castelo celular. Não apenas a matéria, mas igualmente a energia psíquica, exteriorizada pelo otimismo, a mansuetude, o amor realizam equivalente mister.

Quando se conservam ressentimentos, acumulam-se preconceitos, armazenam-se resíduos de pessimismo e amargura, esses venenos variados perturbam os campos vibratórios nos quais se multiplicam e vivem os elementos constitutivos das células, facultando degeneração e transtornos do metabolismo geral.

O pão sustenta o corpo, mas o pensamento equilibrado auxilia-lhe a digestão.

•

A alma, por sua vez, como é natural, necessita de alimento específico.

Formada por elementos sutis, partículas de ondas mentais com a sua composição própria, desenvolve-se e preserva os seus valores mediante nutrição apropriada, igualmente portadora de vibrações equivalentes que contribuem em seu benefício.

A elaboração de pensamentos salutares, aqueles que estimulam os centros de força e produzem campos de segurança e resistência, é indispensável para o prosseguimento da luta.

O trabalho, quando realizado com prazer, representa-lhe nutrição valiosa. Não obstante, impõe-se a mudança de comportamento mental para melhor, alterando a forma de encarar a vida e o próximo, de agir e reagir, não acumulando forças psíquicas tóxicas que terminam por destruir as defesas elaboradas através do esforço pela ação.

A meditação e a compaixão transformam-se em reservas de energias superiores para a manutenção dos delicados equipamentos da alma.

A meditação revigora o psiquismo, amortecendo os choques violentos que resultam dos relacionamentos humanos e que ressumam do passado delituoso, convidando à preservação do instinto dos comportamentos agressivos e vingativos.

A compaixão é forma de auxiliar aqueles que estão na retaguarda e que ainda não conseguiram o grau de entendimento nem de lucidez que seria desejável.

Todo aquele que permanece atrasado, retido no primarismo, certamente gostaria de libertar-se da grilheta, do cárcere no qual estorcega.

RESSUMAR
reaparecer, surgir

GRILHETA
[algema] grande anel de ferro na extremidade de uma corrente do mesmo metal, a que se prendiam os condenados a galés ou trabalhos forçados; o condenado a trabalhos forçados

ESTORCEGAR
torcer com força, estorcer; beliscar; estorcer-se, retorcer-se

LINFA
água pura

DESSEDENTAR
dar de beber, tirar a sede

A oração, por sua vez, é a linfa preciosa que dessedenta, é a luz geradora de forças sustentando os corpúsculos moleculares que necessitam do refazimento de energias para preservar-se em intercâmbio vibratório.

A alma é vida e toda a expressão de vida intercambia energia, haure força e desgasta o conteúdo, terminando por nutrir-se no Divino Psiquismo gerador de tudo.

•

SUCUMBIR
cair sob a força de; ceder

FENECER
morrer

EFÊMERO
passageiro, frágil

PÉRIPLO
[percurso, trajetória] navegação em volta de um mar ou pelas costas de um país; descrição de uma viagem desse gênero

ATAVISMO
herança dos hábitos

PRIMEVO
primitivo

O corpo alimenta-se para viver e, não obstante, sucumbe ao desgaste, fenecendo na transformação do fenômeno biológico da morte.

Efêmero, exige nutrição para ter prolongado o seu périplo e diminuídas as suas debilidades.

A alma, na sua feição imortalista, carece também de alimento vibratório para liberar-se do atavismo pretérito das experiências primevas por onde passou, e desenvolver os preciosos dons adormecidos em gestação prolongada até o momento da liberação.

Atende ao corpo que tens e cuida-o para que o utilizes pelo mais largo e útil tempo que te esteja ao alcance.

Alimenta, porém, a alma que és, programada para a plenitude, em cujo esforço se encontra desde hoje, quando despertou para a sua realidade imortal.

•••

O corpo alimenta-se para viver,
e, não obstante, sucumbe
ao desgaste, fenecendo
na transformação do fenômeno
biológico da morte. Atende
ao corpo que tens e cuida-o para
que o utilizes pelo mais largo
e útil tempo que te esteja ao
alcance. Alimenta, porém,
a alma que és, programada
para a plenitude.

21

LIVRE ESCOLHA

MERCÊ
benefício, favor

DENTRE AS DADIVOSAS MERCÊS DE DEUS, DIRECIONADAS AO ESpírito em evolução, destaca-se o livre-arbítrio como sendo a faculdade de eleger o que melhor se lhe apresente durante o processo da reencarnação.

Graças a essa concessão, passo a passo o ser delineia e executa a marcha ascensional, ora estacionando e vezes outras avançando, sem jamais retroceder.

Árbitro especial, apoia-se na consciência, onde está escrita a Lei de Deus, elegendo o que lhe apraz e colhendo os frutos da ensementação realizada.

APRAZER
dá prazer

ENSEMENTAÇÃO
sementeira, semeadura

À medida que se ergue, superando os patamares da cartografia íntima da consciência, mais lúcida e melhor se faz a seleção optativa, delineadora da sua libertação.

CARTOGRAFIA
mapa geográfico (mapa das realidades psicológicas)

LÚCIDO
racional; consciente

Em razão disso, a reflexão madura, o cuidado bem pensado antes da decisão estabelecem o programa a desenvolver no futuro.

Essa atitude dignifica-o, facultando-lhe apressar ou retardar a marcha.

Senhor da responsabilidade, escolhe a conduta e entrega-se à ação com a liberdade que a Vida lhe concede.

Ante o fatalismo do progresso que é irrefragável, o livre-arbítrio é uma bênção que deve ser aprofundada, de forma que a tranquilidade após a decisão lhe constitua o fiel da balança dos comportamentos assumidos.

IRREFRAGÁVEL
[inquestionável] incontestável; irrecusável

Como ninguém está fadado ao sofrimento, a opção livre para a ação bem direcionada impulsiona o ser para a plena autorrealização.

•

És o que eleges. Teus atos, tua vida.

A personalidade transitória sempre cede lugar à individualidade do ser eterno, em marcha ininterrupta na direção de Deus.

Ninguém, nada escapa a esse deotropismo.

Conforme pensares, estruturarás no mundo das formas o que acalentas no campo das ideias.

Mente e vida são termos da Realidade.

Podes escolher vida ou morte. Isto é, ser livre e banhado de luz ou escravo envolto em sombras.

Tens o direito de viver em saúde ou com doença. A saúde é o teu estado interior e a doença um processo depurador. Se te manténs atuante e otimista, vives saudavelmente, mesmo quando portador de alguma limitação, deficiência ou patologia. Se, ao revés, apresentas-te insatisfeito, ingrato em relação à vida, rebelde e depressivo, apesar da harmonia orgânica, encontras-te enfermo...

Se sorris de júbilo, a existência se te apresenta amena.

Caso sobrecarregues o cenho e anotes apenas dissabores e tristezas, a jornada se te transformará em pesado e insuportável fardo a conduzir.

Quando preferes belezas, descobre-as em toda a parte e embriagas-te de cor, de som, de luz. No entanto, ao te deixares conduzir pela óptica distorcida da amargura, o Sol para ti perde a claridade e a paisagem empalidece aos teus olhos...

Depende de ti, agradecer ou imprecar, louvar ou reclamar, alcançar o topo da subida ou lamentar na baixada as dificuldades da ascensão, que afinal todos sofrem e os corajosos superam.

Sê tu, portanto, quem opta pelo bom, pelo belo, pelo nobre, pelo que felicita.

•

DEOTROPISMO
inerência ao ser que o impele natural e inapelavelmente para Deus, assim como o heliotropismo mobiliza automaticamente o reino vegetal para a luz ["Estímulo que impele o ser a crescer em direção a Deus" (definição do Espírito Joanna de Ângelis pelo médium Divaldo Franco)]

PATOLOGIA
doença, enfermidade; desequilíbrio

AO REVÉS
ao contrário

JÚBILO
alegria, felicidade

CENHO
fácies, rosto

IMPRECAR
blasfemar, xingar

Jesus sempre nos apresentou o mundo com tintas inapagáveis de incomum beleza: as aves dos céus e os lírios do campo com suas cores deslumbrantes; as redes ativas de pescar; as pérolas pálidas e refulgentes; os grãos de mostarda preciosa; a ceifa do trigo dourado em parábolas ricas de poesia e encantamento.

Mesmo quando esteve na cruz optou pelo perdão aos Seus assassinos, a fim de logo retornar em ressurreição fulgurante, para alçar-nos aos píncaros da Sua Glória.

...

REFULGENTE brilhante

CEIFA colheita

FULGURANTE esplendoroso

PÍNCARO cumeada, ápice, topo

Depende de ti, agradecer ou
imprecar, louvar ou reclamar,
alcançar o topo da subida
ou lamentar na baixada
as dificuldades da ascensão,
que afinal todos sofrem
e os corajosos superam.

22

EDUCAÇÃO SEXUAL

CONTUBÉRNIO vida em comum; camaradagem, convivência, familiaridade; concubinato, mancebia; tenda de campanha

PAUL pântano, água estagnada, charco

LIBERTINAGEM devassidão

VILEZA ato de ser vil, baixo, infame, mau

NO ATUAL CONTUBÉRNIO SÓCIO-MORAL QUE SE VIVE NA TERRA, o sexo assume posição relevante, tornando-se de capital importância em todos os segmentos da comunidade, assumindo destaque perturbador.

Ultrapassado o período de castração cultural e da desconsideração ética, ele tomba no paul da vulgaridade, transformando-se em fator vital para a sobrevivência humana como modelo de felicidade ou de desgraça.

Sem qualquer dúvida, a função sexual é de alta significação, todavia não mais importante do que a cardíaca, a pulmonar ou outra qualquer...

Programado para a reprodução do ser e elaborado para facultar sensações e emoções, a libertinagem dos costumes tem-no guindado a uma posição que o perturba, quando não o transforma em cruz invisível a dilacerar os sentimentos ao tempo em que entorpece ou alucina a razão.

Estabelecido pela Divindade para objetivos superiores, o seu desregramento acarreta-lhe altas cargas de energias tóxicas que terminam por prejudicar-lhe a função, desajustar-lhe a instrumentalização.

Transformado em exclusivo objeto de prazer, é vítima da mente em desalinho que o estimula e o perverte na incessante busca de satisfações novas, mesmo que aberrantes, que ultrajam o próprio ser, a partir de então sem qualquer respeito por si mesmo e menos pelos outros.

O sexo, moralmente, é neutro.

Aquele que o utiliza é responsável pela sua elevação ou vileza.

Excetuando-se as anomalias de que padece e exterioriza, decorrente de abusos transatos em outras existências, deve ser conduzido com beleza, dignificação e finalidade nobre que somente o amor sabe e pode direcionar.

Sexo e vida são termos que se completam na corporificação humana. Conforme seja vivenciado, assim será o curso da existência com paz ou conflito.

•

A mente exerce papel fundamental na conduta sexual.

Qualquer tentativa em favor da sua educação não pode prescindir de disciplina mental.

Mente vazia, tormento no departamento genésico.

Mente viciada, desequilíbrio na conduta sexual.

Somente quando o pensamento estiver enriquecido de responsabilidade a respeito da função do sexo, particularmente considerando a sua procedência divina, é que se conseguirá uma correta educação das suas funções.

A preocupação para orientar adolescentes em torno da sua iniciação e atividade sexual é muito oportuna. No entanto, isto não pode depender de aulas hebdomadárias, qual ocorre com as disciplinas do currículo escolar, ante os desafios da insensatez dos adultos de conduta reprochável, dos espetáculos deprimentes e vilipendiadores expostos pela mídia, dos despautérios domésticos e dos estímulos perturbadores das drogas e da pornografia generalizada...

Sem pruridos puritanistas, não se deve olvidar daqueles que se farão educadores do sexo, tendo-se em vista a óptica pela qual cada um deles considera a questão.

TRANSATO
relativo ao passado, outrora

HEBDOMADÁRIO
semanal; publicado uma vez por semana; semanário

REPROCHÁVEL
que é digno de reproche (censura)

VILIPENDIADOR
aquele que vilipendia [considerado como vil, mesquinho ou desprezível]

DESPAUTÉRIO
tolice graúda; desconchavo; despropósito

PRURIDO
coceira [ruído, alarde]

OLVIDAR
esquecer, desprezar

Atormentados alguns, sugerirão liberação total, opção definitiva, desde que isso lhes faça bem, enquanto outros recomendarão providências que evitem a concepção, quando deveriam trabalhar pela educação moral.

A proposta da educação em qualquer área é a de criar hábitos saudáveis, corretos, promotores da vida, e nunca de liberação, pura e simples, da função sexual, como se o ser fosse feito para ela e não o contrário.

O problema é um grave quão complexo desafio para a cultura e a ética hodiernas, aguardando estudos sérios e soluções bem elaboradas.

HODIERNO relativo ao dia de hoje; moderno; de agora mesmo; de nosso tempo

PULULAR multiplicar, abundar

CONIVÊNCIA tolerância, complacência

Por enquanto, pululam os campeões do cinismo que exibem, exploram e vendem sexo, influenciando, com as suas excentricidades, a mentalidade infantojuvenil sob a conivência dos pais e dos educadores, que os transformam em mitos e os consomem nos seus veículos de informação e divertimento...

A educação sexual tem origem no lar através da conduta dos pais e demais membros da família.

Prossegue na escola por intermédio dos mestres e educadores, cujo comportamento não os haja alienado, tornando-os exóticos e promíscuos, dessa forma gerando perturbação nos educandos.

Por fim, no grupo social que deverá corrigir os hábitos, mudar a linguagem e buscar metas menos permissivas.

•

O *Evangelho* de Jesus, na condição de compêndio educador, oferece programas de excelente qualidade para a educação sexual, convidando os adultos à reflexão em torno da própria imortalidade e dos compromissos em relação às gerações novas.

COMPÊNDIO enciclopédia, livro denso

Cuidadosa análise das palavras e dos feitos de Jesus leva, inevitavelmente, a um comportamento saudável e, portanto, a uma educação sexual sem castração nem libertinagem, por ensinar que nunca se deverá fazer a outrem o que se não deseja que outrem lhe faça.

LIBERTINAGEM devassidão

Diante, pois, do sexo, recorda das dilacerações da alma, que o seu mau uso produz em relação ao outro, o parceiro, ou que ele deixou nos teus sentimentos...

Ama, desse modo, e educa-te, a fim de que o sexo seja na tua vida motivo de estímulo e de crescimento, jamais de sofrimento e cárcere.

...

Diante do sexo, recorda
das dilacerações da alma,
que o seu mau uso produz em
relação ao outro, o parceiro,
ou que ele deixou nos teus
sentimentos... Ama, desse modo,
e educa-te, a fim de que o sexo
seja na tua vida motivo
de estímulo e de crescimento,
jamais de sofrimento e cárcere.

23

CONSCIÊNCIA E TESTEMUNHAS

PESSOA ALGUMA ASSUME UMA TAREFA DE RELEVÂNCIA SEM ENfrentar desafios e dificuldades que fazem parte do processo de desenvolvimento dos valores humanos.

Abraçando ideais dignificadores, será surpreendida pelos campeões da insensatez que se comprazem em preservar a ignorância e o atraso da cultura.

COMPRAZER deleitar-se

Quando alguém se volta para o *Evangelho*, tentando a autoiluminação, sofre as constritoras amarras dos hábitos até então mantidos, assim como a injunção vigorosa que a proposta libertadora estabelece.

CONSTRITOR o que constringe, aperta, amarra, limita

INJUNÇÃO imposição, pressão

A luta íntima que trava faz-se mais rude, porquanto todo um sistema de acomodação deve ser mudado, gerando novos condicionamentos.

Ademais, a alteração de conduta que se impõe faculta à consciência o severo despertar para a análise correta dos pensamentos, das palavras e dos atos.

Tudo aquilo que antes proporcionava prazer, por radicar-se no jogo silencioso das sensações imediatas, passa a ser considerado como recurso de fuga ao dever, com o qual a consciência lúcida não mais anui nem dele se compadece.

LÚCIDO desperto; racional

ANUIR aceitar

COMPADECER tolerar, suportar; conformar-se

Autoexaminando-se, estabelece diferente código de ética que ao ser desconsiderado produz conflito e mal-estar.

A renovação das paisagens interiores ante o sol da crença espiritual constitui emulação para a conquista de patamares mais elevados, portanto de renúncias e testemunhos mais frequentes.

EMULAÇÃO estímulo, incentivo

Trata-se de um empreendimento de alto e nobre porte, que não deve ser postergado.

•

Existe uma nuvem de testemunhas, assinala o apóstolo Paulo, que acompanha as criaturas humanas.

Inicialmente encontram-se no aconchego doméstico e são aqueles com quem se convive, participando das atividades e empresas.

Alarga-se o número, abrangendo os amigos e companheiros de lide profissional, social, recreativa e religiosa.

LIDE
trabalho, ofício

Naturalmente, em convivendo umas com as outras pessoas, são-lhes testemunhas recíprocas, em razão de estarem nos mesmos eventos, de possuírem aspirações equivalentes e produzirem realizações comuns...

Ademais, apresentam-se como Benfeitores Espirituais abnegados que se responsabilizaram pela nova experiência carnal, assistindo, inspirando e socorrendo aos seus queridos pupilos.

Sem dúvida, tomam conhecimento dos esforços empregados na execução dos planos existenciais, tornando-se testemunhas, querendo ou não, dos seus sucessos como dos seus fracassos.

Na mesma ordem, adversários gerais do progresso como dos indivíduos tornam-se vigias implacáveis, induzindo aos erros, ao fracasso, ao retorno aos sítios soturnos de onde desejam sair, abandonando-os em definitivo.

SOTURNO
escuro, desagradável, lúgubre

Anotam as suas defecções, os seus comprometimentos negativos e rejubilam-se quando os veem cambaleantes e receosos, impulsionando-os para a desistência, para o abandono dos propósitos saudáveis, sob a suspeição de não possuírem valor moral nem resistência para vencerem as paixões...

DEFECÇÃO
deserção

REJUBILAR
felicitar

•

Tem cuidado com as fontes do sentimento de onde brotam as boas como as más ações.

Se cais, levanta-te e prossegue tranquilo.

Todo o empreendimento experimenta momentos difíceis.

A árvore débil que não deseja ser arrancada pelo vendaval dobra-se, deixando-o passar...

Não te permitas consciência de culpa, porque faliste, porque não tiveste força para perseverar nos propósitos mais elevados.

Faculta-te o direito de recomeçar, quantas vezes se te façam necessárias.

As tuas testemunhas, boas ou más, estarão contigo conforme a paisagem mental em que te firmes.

Se desejares ascensão, os teus Guias virão em teu socorro; mas se preferires as baixadas da ilusão, outros Espíritos te estimularão.

Em qualquer circunstância, porém, recorda-te de Jesus e busca-O, tua testemunha amorosa que é, e que aguarda pacientemente, conforme o Pai com todos dessa forma se comporta.

•••

Faculta-te o direito de recomeçar,
quantas vezes se te façam
necessárias. As tuas testemunhas,
boas ou más, estarão contigo
conforme a paisagem mental
em que te firmes. Se desejares
ascensão, os teus Guias virão
em teu socorro; mas se preferires
as baixadas da ilusão, outros
Espíritos te estimularão.

24

A DOR
E SUAS BÊNÇÃOS

NO UNIVERSO O CAOS É A PRESENÇA DA VIDA EM EBULIÇÃO, EM desenvolvimento.

O repouso, se houvesse, significaria o aniquilamento da ordem, do equilíbrio.

Tudo se agita, desde as micropartículas às galáxias em incessante movimentação.

SUCUMBIR
cessar de existir

Sucumbe um astro pela decadência da energia e surge outro pela aglutinação de novas moléculas.

Só há vida em toda a parte e, portanto, ação.

É natural que, no ser humano, esse processo se expresse como desgaste que produz dor.

•

O pântano e as águas estagnadas experimentam rigorosa drenagem, a fim de se transformarem em jardim e pomar.

REVERDECER
tornar verde, germinar

O deserto sente a modificação da sua estrutura, mediante elementos químicos, de modo a reverdecer e coroar-se de flores.

A semente sofre o esmagamento e arrebenta-se em vida exuberante.

Nos animais, o parto é violência orgânica dolorosa, que liberta a vida que conduzia encarcerada.

Compreensível, desse modo, que o desabrochar da perfeição comece pelo despedaçar do grotesco em predominância no ser humano.

Erros que geraram calamitosos efeitos a reparar, desafios que promovem à conquista de mais elevados patamares apresentam-se com frequência.

SUBLIMAÇÃO
purificação, elevação, ato de tornar sublime, superior

São inevitáveis as ocorrências depuradoras, os sofrimentos de sublimação.

A dor é mensagem da vida cantando o hino de exaltação e glória à evolução.

Recebê-la com tranquilidade constitui admirável realização íntima da lucidez intelecto-moral do ser humano.

•

Pressões, compressões, dilacerações constituem mecanismos da vida que se liberta do cárcere temporário para a exuberância da sua plenitude.

Compreender a função da dor é atitude solidária, caminhando-lhe ao lado, em vez de enfrentá-la com a extravagância da revolta.

Entendida no seu significado profundo, torna-se amena e disciplinadora de impulsos graves quão danosos que persistem, dominadores.

Em razão disso, a atitude passiva, o pensamento de aceitação e entendimento contribuem para torná-la produtiva, enriquecedora.

Diante da transitoriedade do carro orgânico a que o Espírito se atrela, eis que o desgaste e a decomposição fazem parte dos fatores de destruição da aparência, para que o ser eterno singre os rios incomparáveis da imortalidade.

Sem a histólise que precede à histogênese demorada, a lagarta jamais flutuaria no ar como borboleta delicada.

As condições físicas, portanto, são uma permanente transformação, e a dor representa as mãos do Divino Escultor trabalhando formas novas, aprimorando arestas e corrigindo anfractuosidades...

Alegra-te por haveres sido contemplado pela dor, por mais paradoxal que te pareça.

SINGRAR
atravessar, navegar

HISTÓLISE
[transformação da crisálida] processo pelo qual nos insetos holometabólicos, em estado de pupa, a maioria dos órgãos larvais internos transformam-se em matéria cremosa, com exceção dos histoblastos; deterioração e dissolução dos tecidos orgânicos

HISTOGÊNESE
formação e desenvolvimento dos tecidos a partir das células embrionárias não diferenciadas

ANFRACTUOSIDADE
qualidade do que é anfractuoso ou cheio de reentrâncias

PARADOXAL
que contém ou se baseia em paradoxo (aparente falta de nexo ou de lógica; contradição)

DESASSISADO
sem siso, desatinado, desvairado

Bem-aventurado aquele que sofre em paz, quando outros, desassisados, em tranquilidade infelicitam vidas...

Mantém-te confiante, mesmo sofrendo, e transforma as tuas ansiedades em gratidão a Deus, por haver estabelecido diretrizes diferentes das tuas que te farão realmente feliz para sempre.

JÚBILO
satisfação, alegria

ARRIMAR
escorar, amparar

Deixa-te, pois, arrastar pelas mãos do sofrimento digno e converterás lágrimas em sorrisos, tristezas em júbilos, frustrações em pacificação interna, arrimado em Jesus, que nunca te abandonará.

•

SUBLIMAR
purificar, elevar

Dor bendita que liberta e sublima, louvada sejas!

•••

Bem-aventurado aquele que sofre em paz, quando outros, desassisados, em tranquilidade infelicitam vidas... Deixa-te arrastar pelas mãos do sofrimento digno e converterás lágrimas em sorrisos, tristezas em júbilos, frustrações em pacificação interna, arrimado em Jesus, que nunca te abandonará.

25

A BUSCA DO PRAZER

VORAZ
que devora, destruidor, consumidor

ANELO
desejo intenso; anseio; aspiração

DELEITE
delícia, gosto, regalo

SUCUMBIR
ceder, entregar-se

TOLDAR
tampar, circunscrever, cobrir

O CONCEITO DE PRAZER ENCONTRA-SE RESTRINGIDO AO CAMPO das sensações, divertimentos, o que o torna voraz e destituído de significado.

Considerado como efeito dos interesses de predominância egoística, não preenche os espaços da emoção superior, ante a transitoriedade em que se expressa.

Aguarda-se com larga expectativa e ansiedade a concretização de um sonho, de um desejo, mas que, ao realizar-se, perde a significação, por passar rápido demais. A felicidade estampa-se, então, triunfante, naquele que a ambiciona enquanto dura, para que, logo mais, converta-se em lembrança, bem como novo anelo pela sua repetição.

Havendo a ocorrência em sucessivos momentos, a saturação toma o lugar do deleite impondo diferente anseio, apresentando diversa necessidade estética.

A alegria de um momento sempre vai substituída por preocupações noutros instantes; a saúde férrea passa e abre brechas à instalação das enfermidades; o afeto imorredouro sucumbe a novas experiências aflitivas; a segurança econômica ou doméstica cede lugar a incertezas e instabilidades, conduzindo o ser a contínuas alterações de humor, a transtornos emocionais frequentes, a sombras que toldam o seu sol interior...

Essas ocorrências dão-se na Terra, porque o Espírito reencarnado nela se encontra em pleno laboratório de manipulação de valores que estão em constantes mudanças para melhor.

Por mais se busque o prazer nas expressões físicas e criativas da imaginação, mais ele escapa, em razão da sua constituição psicológica.

•

O verdadeiro prazer é aquele que permanece inalterável, embora se modifiquem as circunstâncias externas, e passem os momentos de gáudio.

Ele instala-se, quando vige a consciência de paz como resultado do labor executado, dos ideais vividos, das experiências éticas levadas a bom termo.

Alonga-se através do prosseguimento dos compromissos abraçados e não se exaure, deixando a sensação de vazio ou de desagrado.

O indivíduo hedonista, que somente crê nas manifestações dos sentidos físicos, mais se atormenta quanto mais o busca, em razão da sede insaciável por fruí-lo enquanto ele se dilui e passa...

Confundido com a felicidade, o prazer é razão de loucuras que se derivam da insensatez, gerando distúrbios íntimos e danos a outras pessoas e aos grupos sociais.

A agradável emoção de bem-estar, no entanto, que vitaliza e entusiasma, é a mais bela expressão do prazer real que deve ser buscado, porque tem a dimensão da legítima felicidade.

Não se extingue quando ocorre a morte do corpo, porque ínsito no Espírito, nas sua fibras mais íntimas, constitui-lhe recursos de resistência para os valores morais.

Quando o dever se enriquece com a alegria do próprio serviço, o prazer instala-se e a felicidade anuncia-se.

Independe daquilo que se tem, das conquistas externas, da projeção egoica...

Harmonia entre o desejar, fazer e conseguir interiormente produz equilíbrio entre o pensamento e o sentimento.

•

GÁUDIO
alegria, júbilo, regozijo; brinquedo, folgança; troça alegre

VIGER
vigorar

LABOR
trabalho, serviço

HEDONISTA
pessoa partidária do hedonismo [hedonismo: doutrina ética, ensinada por antigos epicureus e cirenaicos e por modernos utilitaristas, que afirma constituir o prazer, só ou principalmente, a felicidade da vida]

ÍNSITO
inerente, inato; congênito; inserido; gravado no espírito

EGOICO
relativo ao ego, egoísmo, conquista material

Busca o teu prazer na conscientização da tua fragilidade, robustecendo-te na luta e desincumbindo-te das tarefas que te dizem respeito, certo de que na Terra ele é fugidio e raro, podendo todavia iniciar-se mediante a superação dos mitos, das ilusões e através da fixação da imortalidade, na qual te encontras submergido.

FUGIDIO
passageiro, fugaz

Cultiva, desse modo, o prazer de amar, de servir e de confiar em Deus, sem fugas psicológicas para a fantasia e o erro que te deixarão de alma vazia e amargurada.

Por isso, Jesus informou que o Seu reino não é deste mundo, configurando que, em consequência, a felicidade também não, embora aqui se iniciando pelo bem que se viva e se faça.

•••

Quando o dever se enriquece
com a alegria do próprio serviço,
o prazer instala-se e a felicidade
anuncia-se. Independe daquilo
que se tem, das conquistas
externas, da projeção egoica...
Cultiva o prazer de amar, de servir
e de confiar em Deus, sem fugas
psicológicas para a fantasia
e o erro que te deixarão
de alma vazia e amargurada.

26

IDEALISMO SACRIFICIAL

TODO AQUELE QUE SE DESTACA NO GRUPO SOCIAL LOGO PASSA A experimentar críticas e dissabores.

Chamando a atenção, provoca inveja e desperta os instintos competitivos vigentes na massa, graças aos quais enfrenta aguerrido combate.

AGUERRIDO corajoso

Se é portador de ideais superiores, logo vai taxado de louco, por colocar as suas ambições acima das vacuidades, renunciando às quinquilharias transitórias em favor das metas almejadas.

VACUIDADE estado do que é vazio; fútil [inanidade, vaidade]

Raramente se faz aceito de imediato, tornando-se-lhe necessário o testemunho quando não se lhe impõe a imolação.

IMOLAÇÃO ato ou efeito de imolar; sacrifício cruento; carnificina, morticínio

São, no entanto, esses homens e mulheres, audaciosos – que não temem as críticas ácidas nem a perseguição contumaz – que precipitam o progresso, abrindo espaços iluminados para todos aqueles que vêm depois.

CONTUMAZ teimoso

Ridicularizados no início, passam como objeto de chocarrice, para depois impressionarem pela sua tenacidade e imporem-se finalmente pelas realizações e pelo amor.

CHOCARRICE gracejo atrevido e grosseiro; chalaça, escárnio, truanice

TENACIDADE persistência

Vitalizados pelo combustível da afetividade, são imbatíveis, desde que legítimos se apresentem os empreendimentos em tela, alterando o *status* da sua época e conclamando os demais à renovação interior e ao cumprimento dos nobres deveres.

O mundo entroniza com alegria os histriões e os vândalos, os corruptos do poder e os ilusionistas, porque a realidade desagrada aos equivocados, por despertá-los para compromissos de alta gravidade.

HISTRIÃO vil comediante, cabotino, farsista [charlatão; hipócrita; homem abjeto pelo seu procedimento; palhaço]

Porque se encontram conscientes da tarefa a executar, os idealistas não cedem, não se atemorizam nem recuam. Passo a passo avançam, e quanto mais dificuldades enfrentam, mais resistências adquirem.

•

O cristão, no atual contexto social, é alguém deslocado, se pretende ser autêntico e se deseja desincumbir-se bem dos compromissos que lhe dizem respeito.

Diante de uma ética permissiva e de valores equívocos quão secundários, ele vê-se na encruzilhada de difíceis decisões. Enquanto a grande maioria corre, desenfreada, na busca do prazer sensualista, ele opta pela conquista da paz interior; enquanto os avaros acumulam coisas a que emprestam valor e utilidade preciosa, ele reparte; enquanto a disputa pelos aplausos cresce cruel, ele oculta-se para servir, trabalha para ajudar e, se as circunstâncias exigem-lhe comparecer sob o ofuscar dos refletores da vaidade terrestre, não se ensoberbece, buscando prosseguir inalterado e confiante, porque sabe relacionar o êxito de uma hora com o insucesso de largo curso.

AVARO mesquinho, miserável, tacanho

ENSOBERBECER envaidecer, orgulhar-se

Tem sido sempre assim.

Antes, pensava-se que a morte e o cárcere seriam os meios eficazes para silenciar-lhe a voz. Com o avanço, porém, das legislações – embora ainda permaneçam muitas práticas atentatórias à justiça e aos direitos humanos –, as técnicas coercitivas modificaram-se, permanecendo a mesma perversidade, agora disfarçada como maneirismos sociais elegantes, mal ocultando o desprezo e a zombaria que preservam no íntimo.

COERCITIVO repressivo

MANEIRISMO hábito, comportamento

Desde que não espera ser compreendido, mas auxiliar em qualquer circunstância, o cristão percebe que o seu é o caminho da solidão, qual ocorreu com o seu Mestre, e por isso não permite que depereçam o entusiasmo nem a fé na sua conduta.

DEPERECER diminuir, amainar

•

O mundo e os seus habitantes avançam para a Grande Luz, dominados pelo divino tropismo.

TROPISMO orientação involuntária de um organismo ou parte dele, causada por um estímulo externo, tal como luz, calor etc., e que envolve um movimento ou curvatura no sentido desse estímulo ou a ele oposto [ex.: fototropismo (tropismo determinado pela ação da luz)]

E essa extraordinária saga concretizar-se-á quando as criaturas forjadas nos ideais de enobrecimento deixarem de aceitar os exploradores das massas, os gananciosos e astutos, exigindo transparência e cristalinidade naqueles cujas vidas sejam dedicadas à governança da sociedade.

Nesse cenário, o cristão autêntico destacar-se-á pela fidelidade ao Bem, pela abnegação e pela renúncia a si mesmo, a fim de que todos saibam que Jesus está com ele, conforme se encontra no leme da barca terrestre.

•••

O cristão, no atual contexto social,
é alguém deslocado, se pretende
ser autêntico e se deseja
desincumbir-se bem
dos compromissos
que lhe dizem respeito.

27

PENSAMENTO E CONDUTA

"O PENSAMENTO", AFIRMAM OS ENCICLOPEDISTAS, NO SEU SENtido lato, "compreende todos os fenômenos cognoscitivos e intelectivos, por oposição aos afetivos e volitivos."

LATO amplo, dilatado

COGNOSCITIVO que tem a aptidão de aprender e conhecer; experiência

VOLITIVO que provém da vontade, escolha lógica, nem sempre acertada

Dínamo portador de energias específicas, o pensamento traduz o grau de evolução de cada Espírito do qual procede.

Força poderosa, irradia-se dos centros psíquicos e espraia-se pelo domicílio corporal vitalizando-o ou debilitando-lhe os campos vibratórios sob a continuada onda da força que contém.

Todas as construções do Universo procedem, como ele mesmo, do divino pensamento criador. Na área das formas e realizações humanas, iniciam-se todas as combinações nos refolhos do pensamento.

Eis porque o ser humano é cocriador, contribuindo com a sua quota na elaboração de novas realidades, ou infelizmente na sua desagregação, que dá origem a diferentes construções.

O pensamento é energia viva que necessita ser canalizado conscientemente, a fim de produzir com eficiência e promover com elevação aquele que emite.

Não apenas se detém nesses aspectos a ação do pensamento, mas também alcança outros seres vivos, produzindo efeitos correlatos à qualidade de onda pela qual se expressa.

REPROCHE censura

Quando portador de vibrações perniciosas - ódio, reproche, ciúme, ressentimento, rancor, cobiça, sensualidade etc. -, aflige aquele contra quem é direcionado, aturdindo-o e debilitando-o, em ação psicocinética degenerativa.

PSICOCINÉTICA movimento de objetos produzidos pela mente segundo a vontade [exagerado uso mental]

O oposto, quando se reveste de sentimentos superiores - saúde, bem-estar, amor, compreensão, solidariedade, perdão, tolerância etc. -, vitaliza e estimula aquele em favor de quem é projetado, auxiliando com eficácia.

Em qualquer sentido para o qual se encaminha, primeiramente atinge a organização emissora produzindo danos ou bênçãos.

O pensamento sempre reproduz os anseios evolutivos do indivíduo, que se deve disciplinar mentalmente, de modo a harmonizar a usina geradora, a fim de se transformar em fonte de luzes.

•

Mediante o pensamento que cultivas, podes modelar as asas que te facultarão planar acima das vicissitudes ou carregar-te de pesos que te chumbarão ao solo.

VICISSITUDE prova, sofrimento, problema

Os pensamentos saudáveis envolvem o ser em alegria e bem-estar, enquanto os de natureza inferior constróem masmorras sombrias onde estorcega na loucura e na desesperança.

ESTORCEGAR retorcer, exasperar

O pensamento pode encaminhar-te a Deus ou encarcerar-te em cruéis prisões sem grades, que te manterão cativo, embora te movimentes em toda a parte.

O que penses constitui-te realidade, exigindo-te submissão, quando pernicioso, ou liberdade, se alvissareiro.

PERNICIOSO nocivo, perigoso

ALVISSAREIRO auspicioso, que anuncia boa nova

Os condicionamentos perturbadores decorrem dos pensamentos primários, que não se renovam, estabelecendo elos de vigorosas correntes que te jungem às paixões inferiores.

JUNGIR prender, algemar

Da mesma forma, a ideação do bem em pensamentos otimistas enriquece-te de realizações que se concretizam através da vontade que lhe subsidia as aspirações.

IDEAÇÃO ato de pensar, criar, agir

Todo o ser humano, portador de normalidade, pensa. O conteúdo do pensamento será a sua opção de liberdade ou de cativeiro, de saúde ou de enfermidade, de vida ou de morte...

•

A tua onda mental define o teu nível de consciência moral.

Torna-se-te indispensável exercitar o pensamento nos propósitos superiores, substituindo aqueles deprimentes e perturbadores a que estás acostumado.

ÍNSITO inerente, dentro, presente

CÉLERE rápido, breve

A ânsia de felicidade, que se encontra ínsita em todos os Espíritos, auxiliar-te-á a estabelecer os parâmetros entre gozos e plenitude, demonstrando-te que o prazer devorador e célere sempre deixa amargura, enquanto que a legítima satisfação proporciona renovação, entusiasmo e harmonia.

Pensa bem, e te enriquecerás de paz.

ESPÍCULO espinho, ferrão

Pensa mal, e te sombrearás estrada afora entre espículos e amarguras.

•••

Torna-se-te indispensável
exercitar o pensamento
nos propósitos superiores,
substituindo aqueles deprimentes
e perturbadores a que estás
acostumado. Pensa bem,
e te enriquecerás de paz.
Pensa mal, e te sombrearás
estrada afora entre espículos
e amarguras.

28

AMEAÇAS VIOLENTAS

É NATURAL QUE A INSTALAÇÃO DE UM PROGRAMA DIGNIFICANTE em meio vulgar defronte hostilidades e apodos de muitos inimigos gratuitos.

Terçam armas entre eles e aplicam-nas em agressões insensatas; urdem planos de perturbação infeliz, que têm por meta desanimar aqueles que estão empenhados na ação relevante.

Comprazem-se, todos quantos se consideram donos dos recursos que usufruem, em enfrentar os trabalhadores da transformação dos seus hábitos e das circunstâncias que lhes propiciam a continuidade das paixões.

Da mesma forma que na Terra, assim também ocorre na área espiritual. Aqueles que permanecem no cultivo dos distúrbios morais, locupletando-se com os vibriões mentais das suas vítimas, levantam-se furibundos e ameaçadores, em atitude belicosa para dificultar-lhes a ação libertadora.

Agressivos e profundamente odientos deblateram, somando ressentimentos novos aos velhos distúrbios emocionais, e travestem-se de adversários, impondo-se a loucura da agressão e das perseguições.

Inspiram desânimo; investem com ideias pessimistas; envenenam a psicosfera, gerando distúrbios emocionais naqueles que a aspiram; atiram umas contra outras as pessoas insensatas; geram incompreensões; aceleram reações psicológicas negativas; espicaçam desejos mórbidos; provocam desconfianças; semeiam intrigas e mais outras insidiosas perturbações...

Isto, porém, se encontrarem acolhida psíquica e emocional naqueles contra os quais investem.

APODO
zombaria

TERÇAR
colocar através, em diagonal; atravessar, cruzar [lutar a favor, pugnar em defesa: interceder]

URDIR
tramar, enredar, criar

COMPRAZER
gozar, usufruir

LOCUPLETAR
encher demasiadamente; fartar, saciar [enriquecer, tornar rico]

VIBRIÃO
verme, germe causador de enfermidade

FURIBUNDO
furioso

BELICOSO
beligerante, briguento, que guerreia

DEBLATERAR
gritar ou clamar contra alguém ou alguma coisa [bradar]

PSICOSFERA
ambiente psíquico

ESPICAÇAR
estimular, promover

INSIDIOSO
que usa armar insídias; falso, pérfido; traiçoeiro

Fazem-se maliciosos; são arrogantes; apresentam-se perversos.

O problema, no entanto, será sempre de sintonia.

•

Se te encontras a serviço do Bem, não receies o mal.

Se te dedicas à edificação de um mundo melhor, não temas as reações dos fâmulos e dependentes das faixas vibratórias da sordidez.

Se te candidatas ao crescimento íntimo, mantém-te consciente dos enfrentamentos que ocorrerão entre o passado de temeridades e o presente de dignificação.

Não serão poucos os reveses que te alcançarão nem se fará coberto de pétalas de rosas o leito da tua estrada de ascensão. Mas isso representa colheita do já semeado. O que agora faças ressurgirá depois, à frente, que logo mais alcançarás.

Se pretendes os horizontes infinitos, é necessário sair do vale estreito e galgar a montanha desafiadora.

As dificuldades do caminho serão compensadas pela paisagem deslumbrante das alturas que te esperam.

Desenovela-te, portanto, do mal que ainda predomina em ti, e abre-te à claridade do amor, permanecendo indene às agressões e às ameaças.

Não te permitas entibiar na fé ou acreditar que estás exposto ao mal.

A tua defesa serão as tuas atitudes nobres e os teus esforços no bem, que não devem diminuir.

•

FÂMULO
servo, criado; empregado subalterno de algumas comunidades religiosas; caudatário

SORDIDEZ
maldade, vileza, imundície

REVÉS
acontecimento negativo, contrário

GALGAR
transpor, superar

INDENE
ileso, sem dano

ENTIBIAR
tornar tíbio, frouxo; arrefecer o entusiasmo de, tornar menos fervoroso; perder a energia ou o entusiasmo

GRANJEAR
conquistar, atrair

O trabalho de iluminação de consciências a que te dedicas granjeia em teu favor muitas bênçãos.

Amigos espirituais nobres e devotados dão-te assistência e protegem-te em todas as situações.

Inspiram-te pensamentos elevados, guiam-te os passos com segurança, envolvem-te em carinho e protegem-te.

Se algo perturbador sucede-te, é o mínimo do que estava projetado, e assim mesmo se transformará em benefício para ti...

Não te facultes qualquer tipo de desalento, porque um programa de renovação em fase de execução não traz sempre harmonia.

Alegra-te na tua tarefa de pioneiro, de vanguardeiro do progresso, e paga o preço da luta mediante os investimentos da humildade, da paciência e da fé, que mais te aprimorarão o ser.

BAFEJAR
[abençoar]

No fim da atividade, concluído o bom combate, Jesus espera-te, apresentando-te a seara que ficou bafejada pela paz, e aqueles que antes te hostilizaram, agora felizes, bendirão o que por eles fizeste enquanto, sem te entender, propunham-se a perseguir-te.

•••

Se te encontras a serviço do Bem,
não receies o mal. Se te candidatas
ao crescimento íntimo,
mantém-te consciente dos
enfrentamentos que ocorrerão
entre o passado de temeridades
e o presente de dignificação.

29

PRECONCEITOS

HERANÇA DO PRIMARISMO EGOICO DO SER HUMANO, DE QUANdo somente almejava todos os frutos de alegria e felicidade para si mesmo, remanesce o preconceito dividindo as criaturas e assinalando-as com o ferrete do desequilíbrio.

O preconceito - esse degradante julgamento antecipado que subestima o que não conhece ou a quem combate por paixão inferior - é chaga moral que ainda se demora no organismo social e deve ser combatido tenazmente.

Gerador de conflitos, nos quais predomina a impiedade, responde pelas guerras destruidoras, nas quais os povos e as nações se atiram uns contra os outros devorados pela volúpia da alucinação.

Dividindo as pessoas e classificando-as sob padrões que as chancelam, a umas engrandecendo e a outras estigmatizando indevidamente, o preconceito racial, político, social, religioso tem levado gerações volumosas à miséria, ao degredo, à morte infamante.

Filho ignóbil do instinto predominante em a natureza humana, assume, arrogante, o comando da mente e atira aquele que lhe tomba nas malhas apertadas contra todos quantos se lhe afiguram inferiores, mourejam em ideais que não são os seus, e permitem-se aspirar por horizontes diversos aos que lhes são impostos.

Vemo-lo presente nas religiões que se destacam pelo fanatismo, e os seus fregueses apresentam-se envenenados pelo orgulho, pela ignorância da realidade, perseguindo e malsinando sem compaixão.

Apresenta-se com vileza e astúcia nas diferenças raciais elegendo-se superior às demais pessoas que lhe não pertençam no gene, como se o sangue fosse diferente nos vários organismos.

EGOICO
relativo ao ego, egoísmo, conquista material

REMANESCER
ficar de sobra; restar, sobejar, sobrar

FERRETE
ferro de marcar gado ou escravos

VOLÚPIA
vontade exagerada, prazer superlativo

CHANCELAR
[marcar] selar, carimbar, rubricar

ESTIGMATIZAR
marcar com ferrete, excluir, censurar

DEGREDO
desterro, pena que se impõe de mandar para o exterior, para fora, o criminoso

IGNÓBIL
baixo, deprezível

MOUREJAR
trabalhar, servir

MALSINAR
desejar o mal

VILEZA
ato de ser vil, baixo, infame, mau

Felizmente, à medida que o DNA vai sendo decodificado, a documentação científica demitiza a ilusão do sangue azul, do ser ariano e todas as apologias da prepotência nesse campo.

O preconceito científico igualmente constitui degradante estágio do pensamento, que se arroga soberano no julgamento das ideias novas e rejeita todas aquelas que desconhece, embora os fatos venham demonstrando-lhe a estultice e o absurdo através dos séculos...

Preconceitos hediondos e atormentados seres preconceituosos!

•

Jesus experimentou o preconceito de rabinos e fariseus, apesar de demonstrar a Sua superioridade moral, intelectual, religiosa, que mais os perturbava, levando-os à trama covarde culminada na Sua crucificação.

Newton, Copérnico, Galileu, Ticho Brahe, somente para citar alguns poucos, sofreram o preconceito da fé religiosa e dos pseudocientíficos, pagando altíssimo preço pela audácia de decifrarem alguns dos segredos e mistérios do Universo... E estavam certas as suas teses e propostas.

João Huss, Jerônimo de Praga, Martinho Lutero, dentre incontáveis também pagaram o tributo das inclementes perseguições pelos preconceitos religiosos, doando os dois primeiros a própria vida, a fim de alargarem os conceitos do amor e das vinculações diretas da criatura com o seu Criador.

Mais recentemente, Mohandas Gandhi sofreu o preconceito racial e político, perseguido e aprisionado várias vezes, por lutar pela paz e a liberdade do seu povo utilizando-se da não violência.

DEMITIZAR
acabar com o mito

ARIANO
raça pura, sem miscigenação

APOLOGIA
defesa, justificativa

ESTULTICE
tolice, insensatez

HEDIONDO
repulsivo, repugnante

RABINO
sacerdote judeu no templo

FARISEU
autoridade religiosa e política na Judeia ao tempo de Jesus

PAQUISTANENSE paquistanês, natural do Paquistão

... E foi assassinado pelo preconceito de um jovem paquistanense fanático.

Martin Luther King Jr. experimentou as mais rudes humilhações por desejar romper com o preconceito de cor e de raça do seu povo na sua própria pátria, sendo sacrificado por alucinado adversário.

A relação é expressiva e muito volumosa.

Os bolsões de preconceito de vária ordem ainda permanecem nas sociedades modernas, defensoras das liberdades democráticas, nas quais se banqueteiam com os triunfadores cruéis dos campos de guerra onde vítimas incontáveis foram dilaceradas e mortas.

•

A fraternidade e a compreensão dos direitos humanos para todos representa significativo passo para o desenvolvimento moral e intelectual do ser humano.

Qualquer tipo de preconceito – de julgamento prévio e condenação sem justificativa – traduz atraso ético e espiritual.

O ser humano, no entanto, sai lentamente do primarismo e avança para as faixas nobres do conhecimento e da emoção, nas quais não remanescem o egoísmo, a soberba e o crime de cuja união surge o preconceito.

SOBERBA altivez, arrogância

Símbolo do amor sem limite, Jesus rompeu com todos os preconceitos – de raça, de crença, político, de ideologia contra a mulher, contra as minorias – e instaurou na Terra o período da verdadeira união das almas que lentamente se vai realizando entre os seres humanos.

•••

Qualquer tipo de preconceito – de julgamento prévio e condenação sem justificativa – traduz atraso ético e espiritual. O ser humano, no entanto, sai lentamente do primarismo e avança para as faixas nobres do conhecimento e da emoção, nas quais não remanescem o egoísmo, a soberba e o crime de cuja união surge o preconceito.

30

MAIS SE PEDIRÁ...

ACEITASTE O COMPROMISSO GRAVE DE SERVIR NA SEARA DA LUZ.

Quando rogaste a oportunidade, sabias dos desafios e das dificuldades que surgiriam pela frente.

Animado pelo espírito de entusiasmo e de fé, pensaste que o enfrentamento se faria rico de amor e coragem, confiante no auxílio superior.

É certo que os propósitos acalentados receberam apoio conveniente e deferimento.

DEFERIMENTO permissão, autorização

Compreendendo a magnitude da tarefa, planejaste a entrega total da existência, sabendo do severo contributo que deverias oferecer.

Empreendimento de tal significado – autoiluminação e libertação de consciências – reveste-se de gravidade maior do que aparenta.

Não é fácil o trabalho de lapidação interior, de libertação das paixões inferiores, de sintonia com os ideais enobrecedores.

Vinculado ao processo evolutivo, o ser avança atado às próprias experiências, necessitando de superação das deficiências pessoais.

Em razão disso, não foram regateados procedimentos preparatórios para a tua reencarnação, de forma que pudesses atravessar airosamente os dias difíceis, as jornadas com os pés descalçados caminhando sobre urze e pedrouços, as horas amaríssimas de solidão e de provas...

REGATEAR apoucar, limitar, reduzir

AIROSAMENTE em relativa paz, com relativa alegria

URZE planta espinhosa

PEDROUÇO pedra, obstáculo

AMARÍSSIMO extremamente amargo; amarguíssimo

Assim, começaste a tarefa com o coração pulsante de alegria e a alma fascinada pelo ideal.

A pouco e pouco chegaram os testemunhos rudes, as incompreensões e as batalhas ininterruptas.

A oração e o trabalho fortaleceram-te, e os momentos mais tormentosos cederam lugar à serenidade do sentimento e à harmonia íntima.

A atividade, no entanto, prossegue.

•

Pediste saúde, a fim de entregar-te à faina do Bem, e não te foram negados os tesouros orgânicos.

Rogaste inspiração para avançares com segurança, e Mensageiros da Luz acercaram-se de ti, conduzindo tua mente e teus passos.

Suplicaste por recursos materiais, de forma que fosse possível o atendimento à dor, à penúria, à orfandade. E amigos queridos mais bem aquinhoados acercaram-se de ti, oferecendo cooperação moral e material indispensável à desincumbência do labor.

Insististe nos apelos de ampliação dos serviços pelo caminho, e o Senhor enviou missionários da caridade para seguirem contigo, enquanto aumentaram os necessitados do corpo, da emoção e da alma.

Aguardaste o alvará superior para libertar-te das celas interiores em que te aprimoraste. Ele chegou-te em forma de alegria e de bem-estar, sem as constrições fortes da solitude nem da amargura.

Quando o organismo cambaleou, preparando-se para encerrar a vilegiatura carnal, pediste mais prazo, e foi-te concedida moratória para a continuidade do serviço.

Faze agora uma profunda reflexão entre o que recebeste e o que ofertaste.

•

LABOR
trabalho

ALVARÁ
documento que autoriza, permissão

CONSTRIÇÃO
ato de limitar, apertar, prender

SOLITUDE
solidão

VILEGIATURA
viagem, percurso largo

"Muito se pedirá àquele a quem muito foi dado", disse com sabedoria Jesus.

Aproveita o festival primaveril das horas para repartires luz e bênçãos.

VOLUPTUOSO sensual, vigoroso

Há dores voluptuosas espiando-te e pedindo-te ajuda aos gritos e em silêncio.

Multiplica-se o número dos sem teto, sem pão, sem trabalho, sem paz...

Faze mais por eles, os teus irmãos em penúria, em aflição.

MITIGAR aliviar, aplacar

Acende luzes de esperança, mitiga a sede de paz, nutre almas e corpos com amor, ajuda sem cansaço e sem cessar.

O dia da libertação está sempre mais próximo, e o tempo urge.

Transforma pedras em pães, em educação, em luz.

A noite agora se torna mais densa.

PLÚMBEO cinzento, escuro

Sê tu aquele que acende estrelas de caridade no firmamento plúmbeo.

Quem muito recebe será sempre convocado a repartir em abundância, a fim de ganhar o salário da paz.

Não adies, pois, a decisão de mais servir e mais amar ao teu próximo em nome de Jesus, a Quem amas e que muito te ama.

•••

*A noite agora se torna mais densa.
Sê tu aquele que acende estrelas
de caridade no firmamento
plúmbeo. Quem muito recebe será
sempre convocado a repartir em
abundância, a fim de ganhar
o salário da paz.*

31

INCONFORMISMO ESPIRITUAL

DIAMANTINO relativo ao diamante, cristalino, transparente

COM A INTEIREZA MORAL DO SEU CARÁTER DIAMANTINO, O Apóstolo dos Gentios exclamou: "Não vos conformeis com este século; transformai-vos pela renovação da vossa mente...", conclamando à grande revolução que deve ser travada por todos aqueles que encontraram Jesus.

Aceitar e submeter-se às imposições seculares, ora revestidas dos caprichos da vulgaridade, das injustiças sociais, que premiam as excentricidades e os astutos em detrimento dos necessitados, é conformismo absurdo.

O silêncio ante o erro gritante e o aplauso à imoralidade da corrupção sob todos os aspectos nos quais se apresente constituem anuência infeliz, que mais os estimula ao desenvolvimento, vitalizando a hediondez e o crime.

ANUÊNCIA concordância, consentimento

HEDIONDEZ abjeção, maldade

A acomodação moral favorece a permanência na atitude indiferente em relação às ocorrências inditosas do próximo, desde que não alcancem a intimidade pessoal.

INDITOSO desditoso (desafortunado, infeliz)

Em face da aceitação do gravame contra outrem e a humanidade, expande-se a onda do horror, que arrebata aqueles que encontra pela frente.

GRAVAME ofensa, crime

Nesse suceder dos fenômenos ignóbeis, as criaturas vão absorvidas, em razão de serem nutridas pelo silêncio conveniente dos bons e a aceitação dos tímidos.

IGNÓBIL vil, desprezível

O cristão encontra-se no mundo com a tarefa indeclinável de modificar as estruturas carcomidas do organismo social pelos carunchos da degradação, que alcançam índices elevados conspirando contra o progresso moral.

CARCOMIDO que se deteriorou; danificado

CARUNCHO o que ataca e destrói lentamente

O conhecimento da lei de amor torna o indivíduo um ser decidido, que aprende a discernir o que deve ou não fazer em qualquer circunstância.

A sua existência certamente que depende do contexto social, enquanto esse é resultado da sua conduta.

O dinamismo bem orientado, porém, trabalha contribuindo para o equilíbrio geral, favorecendo a transformação humana ante a conscientização das próprias responsabilidades.

•

Jesus, no entanto, através do pensamento paulino, exarado na sua *Carta aos Romanos* (12:2), não se refere às lutas externas, aos combates e violências contra os maus e perversos, à demolição das construções físicas e das organizações políticas e administrativas.

O apóstolo sábio aclara a proposta, apresentando o recurso valioso para o cometimento, asseverando a necessidade da transformação do indivíduo pela renovação mental, esse grandioso labor de natureza íntima, que o torna um exemplo de honradez, construtor de novos membros na sociedade, graças à maneira de pensar e de agir. Não compactua com as extravagâncias da sordidez nem com as fatuidades do poder dourado que ambicionam os hedonistas, atormentados pelo gozo sem fim propiciado pelo prazer.

A renovação da mente constitui um esforço hercúleo que deve ser encetado e nunca interrompido, considerando-se o progresso moral que oferece a óptica para melhor entender as necessidades e os processos de autocrescimento.

Longfellow afirmou com propriedade que o homem neste mundo ou tem de ser bigorna ou tem de ser martelo.

Certamente, a neutralidade é impossível, quando alguém se encontra no campo de crescimento espiritual. Ou cada qual amolda a sociedade, transformando-a, ou sofre-lhe as injunções, submetendo-se aos seus camartelos.

PAULINO
que diz respeito ao apóstolo Paulo

EXARAR
manifestar, explicitar, postar, descrever

COMETIMENTO
empreendimento, aventura

LABOR
trabalho

SORDIDEZ
maldade, vileza, imundície

FATUIDADE
vaidade, presunção

HEDONISTA
aquele que professa o hedonismo, doutrina do prazer

INJUNÇÃO
imposição, pressão

CAMARTELO
instrumento de demolição, que inflige sofrimento

O cristão é convidado à transformação interior, iluminado pelo psiquismo de Jesus para transformar o mundo, inconformado com os padrões éticos destes dias.

O seu inconformismo em relação ao século ressuma-lhe do âmago do ser, que trabalha pela iluminação pessoal bem como a da humanidade.

RESSUMAR resultar, fluir

ÂMAGO íntimo, profundidade

•

Jesus jamais compactuou com a impunidade; com o crime, mesmo quando sob variados disfarces; com a hipocrisia; com as injustiças de qualquer natureza, inconformando-se com a conduta moral, política e social da Sua época, abrindo uma brecha de luz na densa treva reinante, assim inaugurando o amanhecer do amor que se encontra em expansão.

Simultaneamente compadeceu-se de todos, inclusive dos perversos e hipócritas, dos maus e enganadores, dos viciados e perjuros, socorrendo-os e orientando-os a recomporem o caminho, inconformados com os próprios desvios, a fim de se alçarem à felicidade.

COMPADECER sentir compaixão, condoer-se

PERJURO o que abandona a fé jurada

•••

Longfellow afirmou
com propriedade que o homem
neste mundo ou tem de ser
bigorna ou tem de ser martelo.
Certamente, a neutralidade
é impossível, quando alguém
se encontra no campo
de crescimento espiritual.
Ou cada qual amolda a sociedade,
transformando-a, ou sofre-lhe
as injunções, submetendo-se
aos seus camartelos.

32

INFLUENCIAÇÕES SUTIS

TUDO SE IRRADIA EM A NATUREZA, PRODUZINDO VIBRAÇÕES específicas que se identificam umas com as outras, estabelecendo vínculos que se transformam em harmonia do conjunto.

No que tange ao ser humano, esse processo é mais expressivo em razão das ondas de simpatia ou de antipatia que decorrem da presença ou da ausência de afinidade entre os mesmos.

Há, no entanto, uma influenciação sutil, que passa despercebida e merece consideração.

Referimo-nos à identificação de ideias e propósitos, que certos indivíduos percebem noutros, passando a receber-lhes o magnetismo e deixando-se impregnar.

Quando essa força se exterioriza de pessoa boa, nobre e generosa, produz salutar efeito sobre aquele que se deixa arrastar, assimilando-lhe as vibrações e os exemplos edificantes de que passam a dar mostras após o convívio estabelecido.

Quando, porém, trata-se de criatura enferma do caráter, portadora de imperfeições morais danosas, a sua subjugação transforma-se em efeito nefasto para quem lhe padece a injunção.

NEFASTO
danoso, triste

INJUNÇÃO
imposição, pressão

Sentindo-se atraído pela influenciação daquele com quem convive, cabe a cada um desidentificar-se desse arrastamento e sintonizar com Jesus, que é o único modelo para a humanidade terrestre.

Assimilar as boas impressões é muito importante, mantendo, porém, a própria individualidade, desde que cada Espírito possui específico patrimônio e tem por meta, em razão dos seus atos passados, a renovação interior e a autorrecuperação conforme as forças de que disponha.

O tarefeiro possui compromisso pessoal intransferível com a realização que deve operar. Os estímulos que recebe constituem-lhe valiosa contribuição que o não deve afastar do dever sob fascínio diferente.

Outrossim, deixando-se conduzir pelas interferências negativas, quando é portador de discernimento e razão, torna-se-lhe o fato um gravame perturbador.

GRAVAME ofensa, crime

•

Nesse panorama, todavia, ocorre uma influenciação que merece ser examinada com cuidado.

Quando se exterioriza de uma pessoa saudável, os Bons Espíritos a utilizam discretamente, a fim de auxiliar os seus pupilos e aprendizes, infundindo-lhes ânimo e orientações com que os auxiliam ao fortalecimento e à coragem para a luta de crescimento interior e de autoiluminação.

Velando por eles, quando não os conseguem alcançar diretamente, induzem-nos às boas companhias, aos convívios edificantes.

Por outro lado, aqueles que se afinam com os maus igualmente passam a receber influenciações perturbadoras dos Espíritos perversos, que se comprazem em perseguir e infelicitar por prazer, por inveja ou por desforço injustificado.

COMPRAZER fruir o prazer, gozar

DESFORÇO desagravo, vingança

Iniciam-se, nesse caso, obsessões de uns encarnados por outros, por sua vez vítimas também de sutis interferências espirituais perniciosas.

PERNICIOSO negativo, enfermo

Conforme a condição moral e mental de cada indivíduo, a sintonia é feita na mesma faixa vibratória.

Eis porque a todos cumpre manter-se em atitude vigilante para bem discernir e em frequência de oração, de modo a elevar-se vibratoriamente, ascendendo em aspirações e ideias, portanto em campos vibratórios de influenciações felizes.

•

Simão Pedro, interrogado por Jesus, a respeito da Sua procedência, respondeu emocionado, em sintonia com o psiquismo superior, que Ele era o Messias aguardado.

Logo depois, porque o Benfeitor Celeste informasse que deveria descer a Jerusalém para sofrer e dar o testemunho, ficou atemorizado, e disse, intempestivo: "Nós não o deixaremos..."

Advertindo-o, e aos demais companheiros, o Mestre exprobou-lhe a conduta: "Afasta-te de mim, satanás, não tentes o teu Senhor", referindo-se, naturalmente, ao Espírito insensato e leviano que tomara o pescador invigilante.

INTEMPESTIVO de súbito, inconveniente

EXPROBAR lançar censura a; repreender, criticar; exprobrar

LEVIANO que age sem seriedade

•

Procura, desse modo, também tu, identificar a onda de influenciação que te envolve e descobrir-lhe a procedência, a fim de elegeres aquela que te beneficie, sem que interfira ou perturbe a tua individualidade ou a tua tarefa.

•••

Procura, também tu, identificar
a onda de influenciação
que te envolve e descobrir-lhe
a procedência, a fim de elegeres
aquela que te beneficie, sem
que interfira ou perturbe a tua
individualidade ou a tua tarefa.

33

Considerações sobre a fé

RESSUMAR
provir, resultar, fluir

RESSUMA DOS ALICERCES DO INCONSCIENTE PROFUNDO, PROveniente do Espírito reencarnado, a fé, que se expressa de forma natural, espontânea, sobre Deus, a imortalidade da alma, a comunicabilidade espiritual, o amor, a esperança...

A fé é qual fagulha que brota em noite escura e brilha, abrindo espaço para a esperança que abraça e proporciona o desenvolvimento dos valores ético-morais das criaturas humanas.

Simples, começa como manifestação de crença singela e, sob o amparo da razão, conquista os mais elevados patamares, trabalhando os santos, os heróis, os artistas, os pesquisadores, os sábios, os indivíduos-modelos para a humanidade.

Não raro, a ausência da fé é fenômeno de conflitos psicológicos que se originam nas decepções que amarguram a alma, despedaçando-lhe os sentimentos.

Quando o ser inicia a marcha evolutiva apresentando-se árido, destituído de crença, recorda o áspero despertar no além-túmulo, quando havia vivenciado antes conteúdos dogmáticos e ideias que eram destituídos de significado real.

A constatação de que fora objeto de engodo de tal maneira fere os sentimentos profundos que estes se fazem substituídos por mórbida frieza emocional, tormentosa indiferença religiosa, cruel revolta contra tudo quanto não pode apalpar e direcionar com os sentidos físicos.

Ainda, nesses casos, existe a fé no dever e nos seus resultados profícuos, nas ações de enobrecimento, no amor aureolado de esperança.

DOGMÁTICO
relativo a dogmas e dogmatismo; que se apresenta com caráter de certeza absoluta

MÓRBIDO
enfermo, frouxo

ENGODO
engano, equívoco

PROFÍCUO
proveitoso, frutífero

Substituída a amargura que envenena as emoções, tentando exterminá-las, a confiança que se instala abre as perspectivas para a fé que levanta as vidas e conduz os seres, tornando-os apóstolos do Bem.

•

Ninguém vive sem a fé natural. Muitas vezes, disfarçada, ela motiva e oferece estímulos para os empreendimentos que, ao se tornarem realidade, transformam-se em novos combustíveis de vitalização.

Todo aquele que dilui ou destrói a fé em outrem, tornando-se perturbador da sua esperança, assume gravíssima responsabilidade por lesionar vida e alma, que passam, a partir desse momento, a carregar dolorosos, extenuantes fardos que os esmagam.

A fé é a dúlcida presença da Vida ilimitada que sustenta os caminhantes da evolução, sem cuja presença o tormento assume proporções inimagináveis.

DÚLCIDO
doce, belo

Criatura humana alguma se movimenta no mundo sem crença em nenhuma coisa. Mesmo quando se entrega à barbárie pela revolta, ao crime através do desespero, tem fé nos resultados das suas façanhas insanas.

A fé, por isso mesmo, deve ser cultivada, fortalecida com as ideias dignificadoras, com os direcionamentos morais saudáveis, que lhe constituem fatores de fortalecimento.

Quando desfalecente, a oração torna-se-lhe energia revigorante por unir aquele que se envolve no seu psiquismo irradiante, vinculando-se ao Gerador de forças universais.

DESFALECENTE
que desfalece; em estado de desfalecimento (desânimo, esmorecimento)

Nesse imantar-se, revigora-se e cresce comandando as aspirações e suavizando as asperezas do cotidiano.

IMANTAR
atrair magneticamente, magnetizar

•

A fé é irmã excelente da esperança e as duas são a força da caridade.

Indissociáveis, não conseguem sobreviver a sós.

Como afirmava Tiago: "A fé sem obras [caridade] é morta."

Da mesma forma, a caridade sem a fé religiosa é apenas humanitarismo.

E a fé unida à caridade somente atinge a meta sob o estímulo da esperança que lhe aponta o rumo e as conduz ao êxito.

Certamente, ao examinar a grandeza da fé, o nobre Codificador do espiritismo estabeleceu que: "Fé verdadeira é somente aquela que enfrenta a razão face a face em todas as épocas da humanidade", enquanto advertia que: "Fora da caridade não há salvação", com a esperança-certeza de que, no futuro, essas três virtudes-irmãs serão, dentre outros, os paradigmas da vera sociedade terrestre.

PARADIGMA
hábito, conceito tido como verdade quase insuperável

VERO
verdadeiro, real, autêntico

...

A fé é qual fagulha que brota
em noite escura e brilha.
A fé é irmã excelente da esperança
e as duas são a força da caridade.

34

IMORTALIDADE

DURANTE O TRÂNSITO CARNAL É POSSÍVEL QUE NÃO TE DÊS conta da fragilidade na qual assentas as tuas aspirações e trabalhas os teus planos.

Não poucas vezes tens a impressão que o carro orgânico prosseguirá deslizando pelas estradas atapetadas da juventude, do prazer, das programações agradáveis. Enfermidade, sofrimento, desar, envelhecimento e morte, supões, são ocorrências que atingem apenas as outras pessoas, nunca a ti.

Pensavas que o anjo da morte somente descesse as suas asas sobre os outros, a fim de arrebatá-los, não imaginando que isso pudesse ocorrer também contigo...

Lentamente, porém, despertas para a realidade corporal. A forma física apolínea ou venusina, a mocidade risonha e o encantamento feliz cedem lugar às modificações naturais quão inevitáveis da estrutura física, ao envelhecimento, à decrepitude, aos dissabores, quando a morte não os precede, inesperada, implacavelmente.

Os acidentes de veículos arrebatam vidas humanas com volúpia crescente, e os esportes, violentos quanto perigosos, carregam homens e mulheres juvenis, demonstrando que não há prazo estabelecido para o encerramento da jornada nem preferência exclusiva pelos enfermos, pelos desditosos e pelos envelhecidos...

É necessário que acordes para os impositivos da imortalidade, conscientizando-te dos elevados objetivos da existência corporal.

•

APOLÍNEO
relativo à beleza (masculina) do deus Apolo

VENUSINO
relativo à beleza (feminina) da deusa Vênus

DECREPITUDE
estado de adiantada velhice

VOLÚPIA
vontade exagerada, prazer superlativo

DESDITOSO
desafortunado, inditoso, infeliz

Estás mergulhado no oceano da imortalidade, queiras ou não.

O corpo, de que o Espírito se utiliza, é qual escafandro adequado para a experiência da evolução mediante o processo reencarnatório.

É específico, e resguarda o mergulhador, mas tem utilidade limitada, efêmera, que cessa, logo que está concluído o objetivo para o qual é utilizado.

A vida não sucumbe no momento da morte.

Se tal ocorresse, ela mesma seria paradoxal, destituída de sentido real.

Tudo no mundo experimenta contínuas transformações, incessantes alterações, por que o ser humano deve sucumbir?

Faze uma análise mais profunda, e perceberás que o milagre da imortalidade apresenta-se em todo o processo da evolução.

Há um incessante progresso natural e um inestancável desenvolvimento que se apresentam a cada momento, sempre mais enriquecedores, intérminos.

A vida, como consequência, não cessa, pois, prosseguindo abençoada e alvissareira após o túmulo, dando curso a esse movimento de sublimação.

Reflexiona a respeito da transitoriedade carnal e elabora programas de qualidade superior, que possas dar prosseguimento quando encerrares o ciclo orgânico.

Viverás, e serás caracterizado pelos teus pensamentos, palavras e ações da atualidade, que ressumarão do inconsciente, tomando-te por inteiro e vitalizando-te.

Pensa, fala e age, portanto, corretamente, a fim de que despertes feliz após a tumba.

ESCAFANDRO
roupa para mergulho em grandes profundidades ligada ao compressor de ar por um tubo, possibilitando a respiração do mergulhador

EFÊMERO
passageiro, fugaz, breve

SUCUMBIR
perecer; cessar de existir

PARADOXAL
que contém ou se baseia em paradoxo (aparente falta de nexo ou de lógica; contradição)

ALVISSAREIRO
auspicioso, que anuncia boa nova

SUBLIMAÇÃO
purificação, elevação, ato de tornar sublime, superior

RESSUMAR
provir, vir, surgir

O mesmo ocorrerá com todos a quem amas ou não – eles viverão.

Aqueles que te anteciparam na viagem de retorno esperam-te.

PRANTEAR
verter pranto (choro); chorar

Não os pranteies em desespero nem duvides da sua existência.

Recorda-os com carinho, e envia-lhes pensamentos bons, saudáveis, rememorando-os nos momentos felizes que tiveram, quando estavam na Terra.

LÚCIDO
consciente

Essa evocação alcançá-los-á com ternura, e os despertará se estiverem adormecidos, assim como os felicitará, caso se encontrem lúcidos.

Mantém com eles os vínculos de amor que te sustentarão nos fios da esperança em favor do breve reencontro feliz.

•

Jesus retornou da sepultura em exuberante imortalidade, a fim de nos oferecer para sempre a certeza de que a existência corporal passa com brevidade, mas a vida infinita e grandiosa jamais se interromperá.

•••

Faze uma análise mais profunda,
e perceberás que o milagre
da imortalidade se apresenta
em todo o processo da evolução.
A vida não cessa, prosseguindo
abençoada e alvissareira
após o túmulo.

35

CONQUISTADOR INCOMUM

EXCRUCIAR
martirizar, castigar

BELICOSO
briguento, que adora guerrear

HEDIONDEZ
maldade, criminosidade, vileza

ALIMÁLIA
animal de carga

ESPÓLIO
despojo de guerra

SUCUMBIR
morrer, perecer

ESTELA DE PEDRA
prancha de pedra onde se grava algo

COMPULSORIAMENTE
obrigatoriamente

A SOCIEDADE TERRESTRE EXCRUCIAVA-SE NA BARBÁRIE. O SER humano, belicoso, extravasava as paixões mediante os artifícios da guerra e das arbitrárias dominações.

Por toda a parte se espalhavam a hediondez, o crime e a miséria moral, reduzindo a criatura à condição de alimália infeliz, que transitava sem rumo, conduzindo pesados fardos de sofrimentos e insatisfação.

Desfilavam periodicamente personagens hediondas que se celebrizavam invejadas nos carros dourados das vitórias bélicas transitórias, conduzindo os espólios conquistados, que passavam de mãos no transcurso do tempo: escravos em ferros, rebanhos numerosos, tecidos raros, moedas, objetos de ouro e de prata, gemas preciosas que, no entanto, eram incapazes de impedir a decadência orgânica dos seus possuidores, ou a morte, quando futuras derrotas não os faziam sucumbir antes...

O mundo conhecia os nomes temidos dos vencedores de um dia, que deixaram suas marcas de impiedade, imortalizados em estelas de pedras, em monumentos de bronze, em construções que ruiriam depois, inscritos nas páginas da história: os Ramsés I e II, Assurbanipal, Salmanazar, Nabucodonosor, Ciro, Baltasar, Solon, Alexandre Magno, Aníbal, Júlio César, Marco Antônio...

As trevas dominavam as paisagens do planeta e a ignorância aplaudia a força, a que se submetia compulsoriamente.

A família, desagregada, formulava o estatuto da própria dignificação, que o Estado guerreiro rompia, reduzindo as pessoas ao servilismo da escravidão, ou à condição mínima de destituídas de direitos.

Embora a filosofia e as artes sonhassem com o belo e o nobre, com o homem livre e feliz, os corvos terríveis crocitavam sobre os cadáveres dos idealistas...

•

Foi nesse cenário de dor e trevas que Jesus nasceu.

No silêncio de uma noite fria, em Belém de Judá, adornado pelo cenário da natureza e sob a vibração diáfana das onomatopeias e vozes animais, Ele mergulhou nos fluidos densos da matéria, para inaugurar um período novo – a Era do amor!

Discreto, como as flores silvestres, passou quase desconhecido durante os primeiros anos, com exceção de pequenos acontecimentos que deveriam preceder-Lhe ao messianato.

Quando, mais tarde, Sua voz entoou o canto incomparável das Boas Novas, a humanidade jamais permaneceria a mesma.

Diferindo de todos os conquistadores, Ele preferiu os pobres e abandonados, os enfermos e desiludidos, os simples e puros de coração, os sofredores e perseguidos para com eles formar uma sociedade diferente e especial, na qual o amor seria o seu fundamento essencial, e a fraternidade far-se-ia os braços de socorro distendidos, a todos amparando...

Sem desprezar os ricos e poderosos, demonstrou-lhes a vacuidade das glórias terrenas e convidou-os ao despertamento, não lhes concedendo as honras que se atribuíam merecer, continuando incorruptível, inconquistado, mesmo quando, na cruz, parecia vencido.

Em verdade, depois que Ele iniciou esse período libertador, surgiram novos donos da guerra, que espalharam o terror e ampliaram as balizas nas áreas que passaram à servidão.

CROCITAR
emitir a voz (o abutre, o corvo e aves semelhantes); imitar a voz do corvo; corvejar

DIÁFANO
sutil, suave

ONOMATOPEIA
vocábulo cuja pronúncia lembra o som da coisa ou a voz do animal etc. [ruídos, gritos, canto de animais, sons da natureza, barulho de máquinas, o timbre da voz humana fazem parte do universo das onomatopeias]

MESSIANATO
ato de desempenhar uma missão

VACUIDADE
vazio, superficialidade

Permanecem na memória dos tempos os seus nomes execráveis como símbolos da crueldade, e, temidos, deixaram os corpos que a morte consumiu na mesma substância química inorgânica do subsolo.

VILANIA ato do vilão, malvadez

INSÂNIA loucura, demência, insanidade

Recordados com temor, constituem a vilania e insânia conhecidos como Átila, Alarico, Gêngis Cão, Saladino, Hitler, Eichmann, Menguele, porque a sociedade os preferiu por algum tempo, na sua desenfreada correria para a ilusão.

Ele havia elegido os dias de Caio Júlio César Otávio, que a posteridade denominou de Augusto, em cujo reinado predominou a paz, desenvolveu-se a cultura, destacou-se a arte.

Jesus é o Conquistador Especial despido de armas, sem artifícios, suave-forte, único de Quem se tem notícia que mudou o rumo de todos os tempos.

•

O Seu Natal é mais do que um marco histórico. É toda a história do pensamento ético elevado ao seu máximo nível, dignificando as criaturas e a Terra.

Evocando-Lhe o berço de palha emoldurado por estrelas e os animais humildes cujas vozes foram abafadas pela música celeste dos anjos, Ele continua amado, cada vez mais compreendido, ampliando os espaços das mentes e dos corações para vivê-lO integralmente.

ESCORCHANTE abusivo, exorbitante

Reflexiona nisso, e dá-te conta das possibilidades que Lhe podes oferecer, a fim de que, neste Natal, a dor dos infelizes seja menos angustiante e a miséria menos escorchante, como sendo a prova da tua adesão ao Seu reino e da tua vinculação amorosa com Ele.

... ...

Jesus é o Conquistador Especial
despido de armas, sem artifícios,
suave-forte, único de Quem
se tem notícia que mudou o rumo
de todos os tempos. O Seu Natal é
mais do que um marco histórico.
É toda a história do pensamento
ético elevado ao seu máximo nível,
dignificando as criaturas
e a Terra.

I

ÍNDICE

A

B

DADOS INTERNACIONAIS DE CATALOGAÇÃO NA PUBLICAÇÃO (CIP BRASIL)

[F8252f]
FRANCO, Divaldo (*1927)

Fonte de luz
Divaldo Franco; Joanna de Ângelis (Espírito)
Minas: Araguari, MG, 2016

240 pp. 15,5 × 22,5 cm Índice

ISBN 978 85 87538 77 2

1. Espiritismo 2. Reflexões
I. Franco, Divaldo II. Joanna de Ângelis (Espírito) III. Título

CDD 133.9 CDU 133.9

edições anteriores | 2000 a 2016 | 20 mil exemplares
1.ª edição premium | julho de 2016 | 10 mil exemplares

ÍNDICES PARA CATÁLOGO SISTEMÁTICO
1. Reflexões : Espiritismo 133.9 2. Espiritismo 133.9

Minas Editora
Rua Wenceslau Brás, 276 Centro 38 440-216 Araguari MG
34 3246 0093 www.minaseditora.com
CNPJ 03 170 961/0001-32

FSC www.fsc.org MISTO Papel produzido a partir de fontes responsáveis FSC® C113483

Impresso no Brasil *Printed in Brazil* *Presita en Brazilo*

COLOFÃO

TÍTULO	Fonte de Luz
AUTORIA	Divaldo Franco (médium), Joanna de Ângelis (Espírito)
EDIÇÃO	1.ª premium
EDITORA	Minas Editora (Araguari MG)
ISBN	978 85 87538 77 2
PÁGINAS	240
TAMANHO MIOLO	15,3 × 22,5 cm
TAMANHO CAPA	15,5 × 22,5 × 1,3 cm (orelhas de 9 cm)
CAPA	Ary Dourado
DIGITAÇÃO	Nilsa M.P. de Vasconcelos
NOTAS	Públio Carísio de Paula
ÍNDICE	Ary Dourado
REVISÃO	Hugo Pinto Homem, Ary Dourado
PROJETO GRÁFICO	Ary Dourado
DIAGRAMAÇÃO	Ary Dourado
TIPOGRAFIA TEXTO	DSType Leitura News Roman 2 10,5/15,5
TIPOGRAFIA NOTA	DSType Leitura Sans Grot 3 7,5/9
TIPOGRAFIA ÍNDICE	DSType Leitura News Roman 3 7/8
TIPOGRAFIA TÍTULO	PF Monumenta Pro Metallica 36/40
TIPOGRAFIA OLHO	DSType Leitura News Italic 1 18/24
TIPOGRAFIA CAPA	PF Monumenta Pro Regular e Metallica, DSType Leitura News Italic 3
MANCHA	103,33 × 162,5 mm, 30 linhas (sem título corrente e fólio)
MARGENS	17,2:25:34,4:37,5 mm (interna:superior:externa:inferior)
COMPOSIÇÃO	Adobe InDesign CC 2015 (plataforma Windows 10)
PAPEL MIOLO	ofsete Suzano Alta Alvura Alcalino 75 g/m^2
PAPEL CAPA	papelcartão Ibema Royal Tech 250 g/m^2
CORES MIOLO	2 × 2 preto escala e Pantone 293 U (CMYK 91:71:1:0)
CORES CAPA	4 × 0 CMYK
TINTA MIOLO	Premiata Iso Bio-Reverse
TINTA CAPA	Premiata Blister
PRÉ-IMPRESSÃO	CTP em Platesetter Kodak Trendsetter 3244
PROVAS MIOLO	HP DesignJet 1050C Plus
PROVAS CAPA	Kodak Matchprint em Epson Stylus Pro 4880
PRÉ-IMPRESSOR	Mark Press (São Paulo SP)
IMPRESSÃO	processo ofsete
IMPRESSÃO MIOLO	Heidelberg Speedmaster SM 102 2P
IMPRESSÃO CAPA	Heidelberg Printmaster PM 74-4
ACABAMENTO MIOLO	cadernos de 32 e 16 pp., costurados e colados
ACABAMENTO CAPA	brochura com orelhas, laminação BOPP fosca, hot stamping
IMPRESSOR	Mark Press (São Paulo SP)
TIRAGEM	10 mil exemplares
TIRAGEM ACUMULADA	30 mil exemplares
PRODUÇÃO	Julho de 2016